유가심인 티벳밀교 대수인법

유가심인 티벳밀교 대수인법

펴낸날 | 초판1쇄 2019년 6월 10일
지은이 | 淨明 玄月, 慧元 채성훈
편집·디자인 | 박기주
펴낸이 | 박기주
펴낸곳 | 다크아트
주소 | 인전 중구 하늘별빛로 86
Tel | 010-4178-9007
Fax | 0303-3446-9075
Homepage | http://www.darkart.co.kr
Email | darkartpublication@gmail.com

이 책은 저작권법에 따라 보호받는 독창적인 저작물이므로 무단전재와 무단복제를 일체 금하며, 이 책의 내용 전부 또는 일부를 이용하려면 반드시 저작권자와 다크아트의 서면 동의를 받아야 합니다.

● 잘못 만들어진 책은 서점에서 교환해 드립니다.
ISBN 979-11-88308-21-7 (03220)
값 28,000원

이 도서의 국립중앙도서관 출판예정도서목록(CIP)은 서지정보유통지원시스템 홈페이지(http://seoji.nl.go.kr)와 국가자료공동목록시스템(http://www.nl.go.kr/kolisnet)에서 이용하실 수 있습니다. (CIP제어번호 : CIP2019021624)

유가심인 티벳밀교 대수인법

목 차

서문 | 부계밀법과 모계밀법 8

1. 유가심인이란 무엇인가?

(1) 근본불교 ··· 14

(2) 상좌부 ··· 17

　1) 북방 아비달마 ·· 18

　2) 남방 아비담마 ·· 25

(3) 반야중관 ·· 28

(4) 경량부 ··· 32

(5) 유가수행승과 유식학파 ··· 34

(6) 무상심인과 대승기신론 ··· 50

(7) 유가사와 무상유가사 ·· 55

2. 대수인법
   (1) 백교 전승·· 59
   (2) 3가지 대수인법(大手印法) ·· 60
      1) 실주 대수인(實住大手印) ··· 60
      2) 공락 대수인(空樂大手印) ··· 61
      3) 광명 대수인(光明大手印) ··· 62
   (3) 나로빠 육성취법과의 관계 ·· 64

3. 실주 대수인법
   (1) 대수인 전행··· 74
   (2) 전일(專一) 대수인·· 87
   (3) 리희 대수인·· 90
   (4) 일미 대수인·· 93

(5) 무수 대수인 ··· 94

4. 광명 대수인법

(1) 삼예사원의 돈점논쟁 ··· 97

(2) 사띠의 점법 수행 ·· 100

    1) 호흡 사띠 사선정 ·· 102

    2) 까시나 사마타 사처정 ··· 106

    3) 삼명 육신통을 얻는 까시나 명상 ····················· 113

    4) 찰라정 위빠사나 ·· 122

    5) 유가행 중관학 ·· 125

(3) 우필차의 돈법 수행 ·· 127

    1) 지관법문 ·· 130

    2) 화엄법문 ·· 141

3) 동산법문 ·· 146

　　　4) 칭명염불 ·· 152

　　　5) 조계선법 (보림을 위한 전행) ································ 154

　　　6) 대행선법 ·· 167

　　(4) 마하연선 ·· 172

5. 공락 대수인법
　　(1) 지혜의 봉인 ·· 180

　　(2) 실체의 봉인 ·· 183

　　(3) 혜명 능엄선 ·· 185

발문 | 본체선과 작용선　190

부록 | 간화선으로 하는 몰입 훈련　202

부계밀법과 모계밀법

　티벳밀교는 매우 신비로운 모습을 하고 있다. 무수한 종교적 신비로 가려져 그 실체가 세상에는 잘 드러나지 않고 있다. 하지만 고대부터 근대에 이르기까지 무수한 신비전승에 영향을 준 것이 티벳밀교이다. 특히 중국에 전해지는 다양한 신비전승에 깊은 영향을 주면서 각 전승들 간에 깊은 교류를 하며 발전되어 내려왔다. 특히 고대 중국 선종의 가르침은 유가사들을 통해 티벳에도 전해지며 무상유가밀의 성립 과정에도 깊은 영향을 주었다. 이 부분은 돈황에서 새롭게 발굴되는 고서를 통해 삼예의 논쟁이 재조명 되면서 더욱 그 모습이 명료하게 드러나고 있다. 중국에 티벳밀교가 전해질 때는 백교의 가르침이 중심이 되어 전해지기 시작했다. 그 이유는 백교의 경우 관정의식과 같은 전수상의 예식보다 실천적인 행법을 중시하는 린포체들이 전수했기에 그렇다. 특히 백교의 육성취법과 대수인법은 중국 선도 유파 중 기를 단련하고 주천을 중심으로 하는 계통에 깊은 영향을 주면서 독자적인 수행 체계로 발전하기도 하였다.

동서고금의 무수한 신비전승의 수행 체계는 생리를 방편으로 하거나 심리를 방편으로 하는 방식으로 수행을 시작하게 된다. 어느 쪽에 중점을 두느냐에 따라 행법의 특징과 상세한 실천법이 다르게 구성된다. 티벳밀교의 수행 체계 역시 생리를 방편으로 하느냐 심리를 방편으로 하느냐로 구분된다. 이를 부계밀법과 모계밀법으로 표현하고 있다. 부계밀법은 생리적인 현상을 기반으로 하며, 수행자가 느끼는 체감각인 기감을 바탕으로 수행을 하게 된다. 그에 대한 대표적인 수행법이 나로빠 육성취법이다. 모계밀법은 심리적인 현상을 기반으로 하며, 일반적인 마음 다스리는 법이나 실주대수인과 같은 수행법을 나타낸다. 두 가지는 서로 무관하지 않고 표리와 같이 연결되어 있다. 단지 입문 방편이 심리와 생리 중 어디에 좀 더 치중되어 있느냐에 따라 분류될 뿐이다. 육성취법 역시 졸화 유가는 생리적인 부분을 조율해 의식을 변성시키는 것이 중시되지만, 환신과 광명은 심리적인 것과 함께 의식을 변성시키는 과정이 중시된다. 대수인법 역시 실주 대수인의 경우 절념법이라고 하여 생각을 끊는 것이 좀 더 중시되는 과정이 있으며, 공락 대수인의 경우 생리반응 중심인 졸화를 행하고 그 후 일어나는 심월륜을 다루는 것이 중시되는 과정이 있다. 하지만 두 가지 모두 명체(明體)를 보는 것이 중시되며 그러한 방편으로써 다루어지게 된다. 그렇기에 어떤 행법 하나를 봤을 때 그것이 오직 심리 또는 생리적인 것만 다룬다고 보기 어렵다. 또한 어떤 것을 먼저 시작하는지도 중요하지 않다. 방편 상 어떤 것을 먼저 시작하느냐의 차이일 뿐 두 가지는 함께 작용한다.

이러한 육성취법과 대수인법은 다양한 신비 전승에 영향을 주었고 그 흔적이 지금도 많이 남아 있다. 중국의 경우 선도 수행의 축기를 행하고 주천을 이룬 후에는 대개 육성취법의 전식과 대수인법의 사유가를 하는 경우가 가장 많다. 티벳밀교의 졸화행을 선도의 축기 주천으로 대체하고 티벳밀교의 수행으로 들어오는 방식이다. 그밖에 현대에 새롭게 조명되는 동방 정교회 수도승들의 수행법인 헤시카즘에도 육성취법과 대수인법을 포괄하는 것으로 보이는 기도 방법들이 전승되고 있다. 그렇기에 이 수행법은 단순히 불교만의 것이 아니라 상당히 광범위하게 퍼져 있는 어떠한 보편적 영성 성취의 방법론이 아닐까 여기고 있다. 그런 의미로 백교의 중심 수행법인 육성취법과 대수인법을 가능하면 종교적 색채를 거두어서 소개할 수 있는 인연을 부처님께 감사를 드린다. 또한 실주 대수인법의 자료의 정리와 서장욕경의 번역을 도와주신 해각 스님께도 다시 한 번 지면을 빌어 감사를 드린다.

1. 유가심인이란 무엇인가?

불교의 가르침은 시대별로 각각 다른 모습을 띠게 된다. 이를 원시불교, 초기불교, 상좌부불교, 대중부불교로 나누게 된다. 원시불교란 부처님과 제자들이 함께 보낸 시간으로부터 불멸 후 100년 정도의 기간을 나타내며 근본불교라고 한다. 초기불교란 그 이후의 불교를 나타내며 부처님의 가르침에 대해 경전으로 정리하고 체계를 잡기 시작하는 시기를 말한다. 그리고 이러한 부처님의 말씀 자체를 연구하면서 나온 것이 상좌부불교이다. 이는 부파불교라고도 칭하며 무수한 논서가 탄생되기 시작하는 시점이 된다.

상좌부불교에서 메인이 되는 것은 아비달마구사론과 청정도론이다. 구사론은 설일체유부의 논서이며 북방 아비달마라고 하여 5위 75법(존재)을 말한다. 청정도론은 남방 아비담마라고 하여 4위 82법(존재)을 말한다. 이때까지를 부파불교의 시대라고 본다. 그 과정에서 반야중관이 나오게 되며 부파불교의 오류를 지적하며 논박하게 된다. 그리고 이는 중관학파가 되어 중관불교로 발전하게 되었고, 그 영향으로 부파불교의 시대가 지나면서 아비달마구사론은 유식불교로 발전하면서 5위 100법을 논하게 된다. 즉 체험을 일으키는 외부의 물질이 존재한다는 법유의 관점에서 그러한 물질 역시 오직 식의 작용이라고 보는 유식사상으로 이어지게 되었던 것이다. 그와 함께 점차 중관의 법공의 관점으로 넘어가게 되었고, 마지막으로 이는 동방에 전해지며 화엄사상으로 발전하고 선종으로 크게 꽃을 피우게 된다.

앞서 이야기한 유식사상은 진여자체에 자성이 있느냐 무자성이냐에 따라 유상유식과 무상유식으로 분류된다. 그리고 그 과정에서 무상심인의 가르침이 나오게 된다. 반야중관과 무상심인이 합쳐지면서 유식행 중관학파가 탄생되었고 이는 법 자체를 체험하는 사띠와 위빠사나를 행하는 유가를 넘어섰기에 무상유가라 하게 된다. 이러한 유식행 중관학파에서 한발 더 나아가 화엄사상이 나오게 되는데, 유가심인이란 화엄사상을 기반으로 하는 무상유가의 법문을 나타낸다.

이러한 유가심인을 이해하기 위해서는 삼법인, 즉 고, 무상, 무아를 이해해야 한다. 그리고 공성이 무엇인지 이해해야 한다. 여기서 공성이란 개념의 공성이지 존재의 공성이 아니다. 개념의 공성이란 어떤 특정 대상의 존재 자체가 없다는 것이 아니라 그것을 규정 짓는 맥락성, 즉 개념이 가짜라는 것을 나타낸다. 문제는 이렇게 표현하면 실제 어떤 절대적인 '존재'라는 것이 있다고 오해를 하게 된다. 이러한 존재 역시 본래 있는 것이 아니라 연기법에 의해 이 순간 지어졌다 사라지는 것을 나타낸다. 하지만 그것이 경험되기에 사실이라고 이야기한다. 그렇기에 이를 심인(心印)이라 한 것이다. 이에 대해 올바르게 이해하기 위해서는 초기불교의 가르침부터 시작해 하나에 모든 것이 담겨 살아 있고, 모든 것에 하나가 담겨 살아 있다는 일즉다 다즉일의 화엄사상을 이해해야 한다. 여기에서도 초반에는 그러한 존재와 개념, 공성, 오온, 연기법에 대해 설명하고자 한다. 그 개념이 조금 어려울 수 있지만 대략적으로나마 전체적인 흐름에 대해 이해해야 유가심인과 광명대수인에 대해 이해할 수 있다. 또한 실주 대수인에서 나오는 법신견에 대한 내용도 교학을 기반으로 하고 있다. 그러므로 교학에 대한 지식은 필수가 된다. 방대한 교학 체계를 모두 설명하기란 쉽지 않을 것이다. 그렇기에 이곳에서는 유가심인에 대한 이해를 중심으로 전체적인 개념과 구조의 흐름에 중심을 맞추어 설명하였다. 보다 깊은 교학 지식에 대해서는 세간에 훌륭한 서적들이 많이 출간되어 있으니 그를 참조하면 된다. 여건이 된다면 별도의 시간을 들여 깊이 공부해 보길 권장한다. 특히 중관과 화엄은 시간을 두고 깊이 공부하는 것이 좋다.

(1) 근본불교

근본불교는 원시불교와 초기불교를 이야기한다. 2,600년 전 실존하셨던 석가모니 부처님, 즉 고타마 시타르타께서 깨달음을 얻은 후 45

년간 설법을 펼치시고 그 가르침이 직계 제자들을 통해 전해지던 시기를 이야기한다. 그렇기에 입멸 후 100년 정도의 시기를 원시불교의 시대라고 한다. 문제는 이때의 불교는 오직 유추만이 가능할 뿐 그것이 실제 어떤 모습이었는지 알 수 있는 사람은 없다. 초기불교는 그 이후에 나온 불교를 나타낸다.

초기불교는 두 가지로 내려오는데 하나는 부처님이 하신 말씀 자체를 문장으로 기록해 내려오는 것으로, 이는 초기 경전 형태로 전해지게 되었다. 그리고 이것이 상좌부의 기반이 된다. 또 다른 하나는 부처님이 설법하셨을 당시 그 가르침과 함께 했던 체험을 재구성하는 것에 중점을 두고 내려오는 것으로, 이는 불교 특유의 예식으로 전해지게 되었다. 즉 전자는 부처님께서 가르침을 주신 말씀 자체에 중점을 두고 그 의미를 이해하려 한 것이다. 하지만 후자는 모든 말씀은 그 말을 하는 시기 장소 상황에 따라 적절한 표현법으로 가르침을 설한 것이므로 말 자체가 아닌 그 말씀이 전해질 때 경험한 상황, 즉 체험 자체가 더욱 중요하다 보고 그것을 전하고자 했던 것이다. 이것이 대중부의 기반이 된다. 이렇게 두 가지 형태로 전승되어 오는 것을 초기불교라고 한다. 그중 전자에 속하는 부처님의 말씀이 기록된 문헌 중 현존하는 것은 다섯 권의 율장(Vinaya-pitaka)과 5부 니까야(Nikaya)로 구성된 경장과 일곱 권의 논장이 있다. 역사적으로는 남방 상좌부에 전승되어 오는 니까야와 북방에서 한역으로 전승되어 오는 아함(Agama 阿含)이 초기불교의 경전이 된다.

그런데 문제는 이러한 경전으로 전해지는 부처님의 가르침은 때와 장소에 따른 5,00여개의 단편적인 짧은 문장의 가르침이어서 각기 다른 상황에서의 가르침이었기에 전체를 포괄하는 부처님의 가르침이 무엇인지는 초기 경전 내에서 찾아내기가 쉽지 않았다. 역사적으로 말하면 그 5,000여개의 가르침 대부분은 불교 본래의 가르침과 세계관이 나타나 있기는 했으나, 엄밀히 보면 후대의 사람들 손에 의해 창작된 편집물이었기에 석가모니의 말을 그대로 전했다고 보기에 무리가 있었다. 또한 그 당시의 체험에 대한 것을 전승하는 것을 중요시했던 경우도 부처님을 체험한 세대에서 멀어지면 멀어져 갈수록 체험을 위해 만들어 놓은 장치들(의식, 음악, 미술, 행위 등)이 점차 그 본래 분위기가 흐려지며 후대에는 오직 형식에만 치중하게 되는 상황으로 이어지게 되었다. 이와 같이 불교의 가르침은 짧은 단편의 집합체였고, 이것이 석가모니께서 가르쳐준 것을 전부 알 수 있는 교과서와 같이 정리된 것은 어디에도 없었다. 그렇게 500년 이상의 기간 동안 부처님의 가르침은 단편적인 말씀이 담긴 경전에 의지하여 전승이 되었다.

그 이후 이러한 가르침을 체계화하여 하나로 정리해야 한다는 생각이 불교계 안에서 나오게 된다. 그러면서 전체 가르침의 맥락을 재해석해서 부처님의 가르침의 조각들을 하나의 흐름으로 꿰뚫어 풀어내는 담론들이 나타나게 되었다. 즉 본래 하나였던 불교의 가르침도 시대의 흐름에 따라 차츰 나뉘고 다양화되어 여러 가르침의 차이가 나타나기 시작했던 것을 일원화된 체계로 확립시킬 필요가 있게 되었던 것이다. 그 결과 단편적인 가르침의 묶음이었던 아함경을 기반으로 체계적인 불교서가 만들어지게 되었고 그것이 '아비달마(Abhidharma)'이다. 이러한 아비달마는 약 500년의 기간 동안 꾸준히 연구되면서 만들어지게 되었으며, 현재는 두 지역에 편중되어 전해진 내용만이 남아 전해지고 있다. 첫 번째는 스리랑카를 기점으로 동남아시아 전역에 퍼진 '팔리불교(남방불교)'이며 이는 '남방 아비담마(Abhidhamma)'가 되었고, 두 번째는 인도와 파키스탄 국경지대의 히말라야 부근에 있는 카슈미르 지역을 중심으로 '설일체유부'라는 그룹이 아비달마를 크게 발전시키게 되며 초기불교 이후 부파불교의 중심이 된다. 물론 그사이에 용수(Nagarjuna)의 중론이 나오면서 중관사상이 꽃을 피우고 대승불교의 사상적 기초를 이루게 되었다. 즉 기원후 1~2세기 중론이 나타났으며 3~4세기 아비달마구사론, 4~5세기 청정도론 등의 논서가 나타나게 되었고, 중론은 부파불교의 오류를 지적하며 대승부의 핵심이 된다.

(2) 상좌부

상좌부는 부처님의 입멸 100년 후부터 아함경의 가르침을 기반으로 일원화된 하나의 가르침을 정리하면서 나온 가르침을 말한다. 이는 무수한 부파불교를 탄생시켰다. 이는 북방 아비달마와 남방 아비담마로 분류된다. 북방 아비달마는 구사론으로 전해지며 남방 아비담마는 청정도론으로 전해지게 된다. 아비달마의 아비(Abhi)란 '~에 대해서' 혹은 '~를 넘어서'라는 뜻이며, 다르마(darma)란 '존재'를 뜻한다. 그렇기에 아비달마란 '존재에 대해~' 혹은 '존재를 넘어서~'라는 의미가 된다. 북방과 남방의 차이는 이를 5위 75법으로 보았느냐 아니면 4위 82법으로 보았느냐의 차이이다. 먼저 북방 아비달마가 나왔으나 이것이 중관불교의 반야중관에 의해 논파되면서 유식사상으로 발전하게 된다. 그리고 남방 아비담마는 청정도론으로 정리되어 4위 82법으로 전승하였다.

1) 북방 아비달마

북방 아비달마를 대표하는 사상이 바로 설일체유부이다. 이는 우리가 경험하는 존재 자체를 분석하는 것으로 시작한다. 그로써 번뇌의 요소에 속하는 유루(有漏)의 달마(존재)와 깨달음에 속하는 무루(無漏)의 달마(존재)를 구분함으로써, 유루(有漏)의 달마에서 벗어나 깨달음에 이르는 것을 설명한 것이다. 이는 여러 가지 존재의 구성요소 속에 '자아(自我)'라는 것이 없음을 알고 오직 존재(달마,法)만이 있을 뿐이라는 것을 아는 것으로서 아라한의 지위를 성취하는 것을 말한다. 그렇기에 아공법유(我空法有)를 이야기하는 것이 상좌부의 특징이다.

우리가 체험하는 것은 명(名)과 법(法)으로 이루어져 있다고 본다. 명(名)이란 개념이자 상징을 나타낸다. 법(法)이란 일체법을 나타내며 이는 우리가 체험하는 모든 존재 자체를 나타낸다. 이러한 존재들은 아주 극미한 수준의 최소로 분류되며 극미한 수준의 존재들이 묶여서 명(名)이 나오는 것으로 보게 된다. 그렇기에 명은 개념이며 실재하지 않은 것이고, 나(我)라는 것도 존재가 아닌 개념으로 본 것이다. 즉 나라고 칭하는 것은 무수한 존재들이 묶여서 '나'라는 개념이 탄생된 것으로 보게 된다. 그렇기에 아공법유(我空法有)란 이러한 개념은 존재하지 않고 오직 법(존재)만이 있다는 것을 뜻한다. 그리고 아비달마의 달마는 법(法)이다. 법은 존재 체험이고 이렇게 체험되는 존재의 최소 단위를 찾는 것을 나타낸다.

마음챙김에서 보면 우리는 호흡으로 마음을 챙긴다고 한다. 이때 호흡은 명(名)이 된다. 여기에는 코에서 느끼는 느낌이 있고 흉곽이 확장되는 느낌도 있다. 이 호흡 하나를 가지고도 무수한 것으로 분해해서 볼 수 있는 것이 있다. 내가 경험하는 것은 내가 체험하는 것을 기반으로 보는 것이다. 이때 내가 세상을 어떻게 체험하고 그 속에서 경험하는 존재들이 무엇이냐를 본 것이다. 나를 기쁘게 하거나 힘들게 하는 경험이 있는데 그를 분해해서 보면 거기에는 상체의 긴장과 호흡이 얕고 깊거나 느리고 빠른 것 그리고 내 기분의 변화라는 무수한 것들이 묶여서 특정 경험을 일으킬 뿐이다. 하지만 그것들을 하나하나 분해해서 보면 각각의 존재들이 있고, 내가 개념 지은 것이 영원히 존재하는 것이 아니라는 것을 알게 된다. 그렇기에 그 안에서 삼법인인 고, 무상, 무아를 경험할 수 있게 된다. 이러한 극미한 존재들이 뭉뚱그려져 있는 명(名)이라는 개념으로 경험할 때는 거기에 '나(我)'가 있다. 하지만 그 개념을 분해하여 존재로 보게 되면 거기에는 내가 없게 된다.

또한 내 친구, 내 가방, 내 옷 등등 내 것이라고 칭하지만, 내 옷을 섬유질, 색깔, 촉감, 기분, 그런 것들로 분해하면 이건 내 색깔이야 라는 것이 성립되지 않기에 내가 사라진다. 그러니 이렇게 분해해서 고, 무상, 무아를 경험하는 것이다. 그리고 집(集)은 쌓아 올린다는 것인데, 고통은 쌓아 올라가는 것으로부터 발생된다. 다시 말해 명(名,개념)이 쌓아 올라간다는 것이다. 옷 자체는 문제가 없다. 하지만 이 옷이 뜯어졌을 때, '이 옷이 얼마짜리인데!', '몇 번 입지도 않았는데!' 등등 여러 개념이 쌓아져 올라간다. 하지만 이것이 뜯어졌을 때 그것을 분해해서 볼 수 있으면 거기에는 내가 없기에 고통이 사라지게 된다고 보는 것이다.

아비달마구사론에서는 이러한 극미(極微)의 존재를 75개로 잡았으며, 이를 5가지로 분류해 5위 75법을 이야기한다. 75법 중 3법은 무의법으로 1가지로 분류하며, 72법은 유의법으로 4가지로 분류해서 다섯 분류라 하여 오위(五位)라 한다. 우선 세상을 크게 두 가지로 분류했는데, 작용 가능성이 없는 법을 무위법이라 칭하였고, 작용 가능성이 있는 법을 유위법이라 칭하였다. 이 세상은 대부분 유위법으로 형성되어 그 변화된 형태에 의해 움직인다. 하지만 그를 자세히 살펴보면 절대 작용하지 않은 존재로서 무위법이 있는 것을 알아차리게 된다는 것이 택멸(擇滅), 비택멸(非擇滅), 허공(虛空)의 3가지 무위법이다.

'택멸(擇滅)'은 어떠한 존재라기보다는 작용이 정지된 특정 상태라고 본다. 그렇기에 물질도 정신도 에너지도 아니며 어떤 작용에도 관계하지 않은 불활성의 존재로 본다. 이는 수많은 번뇌가 차례차례로 영원히 단멸되어 가는 것을 의미한다. 그밖에 물체가 이동하거나 존재하는 그릇으로서 텅 비어있는 공간 영역을 '허공(虛空)'이라고 보았다. 마지막으로 미래에 아직 일어나지 않았으나 일어날 수 있는 무수히 많은 법이 있다고 봤는데, 이는 미래에 머물러 있어 결코 현재에 나타나는 일이 없어 어떤 의미에서 작용하지 않은 법으로 보았으며 이를 '비택멸(非擇滅)'이라고 한다.

나머지 72개 유의법은 존재를 세세하게 분류한 것으로 작용 가능성이 있는 법을 나타낸다. 이상의 5위 75법을 분류하면 다음과 같다.

[무위법無爲法 (3)]
허공(虛空), 택멸(擇滅), 비택멸(非擇滅)

[유위법有爲法 (72)]

색법色法 (11)

- 5근五根 (5) : 안근(眼根), 이근(耳根), 비근(鼻根), 설근(舌根), 신근(身根)
- 5경五境 (5) : 색경(色境), 성경(聲境), 향경(香境), 미경(味境), 촉경(觸境)
- 무표색(無表色)

심법心法 (1)

- 6식(六識) : 안식(眼識), 이식(耳識), 비식(鼻識), 설식(舌識), 신식(身識), 의식(意識)
- 마음, 식(識), 심왕(心王)
- 심(心), 의(意), 식(識)

심소법心所法 (46)

- 대지법大地法 (10) : 수(受), 상(想), 사(思), 촉(觸), 욕(欲), 혜(慧), 염(念), 작의(作意), 승해(勝解), 삼마지(三摩地)
- 대선지법大善地法 (10) : 신(信), 불방일(不放逸), 경안(輕安), 사(捨), 참(慚), 괴(愧), 무탐(無貪), 무진(無瞋), 불해(不害), 근(勤)
- 대번뇌지법大煩惱地法 (6) : 치(癡), 방일(放逸), 해태(懈怠), 불신(不信), 혼침(惛沈), 도거(掉擧)
- 대불선지법大不善地法 (2) : 무참(無慚), 무괴(無愧)
- 소번뇌지법小煩惱地法 (10) : 분(忿), 부(覆), 간(慳), 질(嫉), 뇌

(惱), 해(害), 한(恨), 첨(諂), 광(誑), 교(憍)
- 부정지법不定地法 (8) : 심(尋), 사(伺), 수면(睡眠), 악작(惡作), 탐(貪), 진(瞋), 만(慢), 의(疑)

불상응행법不相應行法 (14)
- 득(得), 비득(非得), 동분(同分), 무상과(無想果), 무상정(無想定), 멸진정(滅盡定), 명(命), 생(生), 주(住), 이(異), 멸(滅), 명신(名身), 구신(句身), 문신(文身)

이상의 5위 75법은 초기불교의 핵심적인 가르침인 '오온(五蘊)', '십이처(十二處)', '십팔계(十八界)'에 대한 상세 설명이기도 하다. 75법을 생명의 활동으로 분류한 것이 '색, 수, 상, 행, 식'으로 구성된 오온(五蘊)이다. 이러한 오온의 작용을 찰나의 인식 활동으로 분류한 것이 '안이비설신의, 색성향미촉법'으로 구성된 십이처(十二處)이다. 마지막으로 시간의 흐름을 포함해 분류한 것이 '안이비설신의, 육식, 색성향미촉법'으로 구성된 '십팔계(十八界)'이다.

오온이 작용 자체를 나타낸다면, 십이처는 6가지 인식하는 것과 6가지 인식이 되는 것으로 분류한 것이며, 십팔계는 인식하는 것과 인식되는 것 사이에서 일어나는 6가지 작용을 본 것이다. 이러한 초기불교의 가르침을 좀 더 상세히 분류해서 개념이 아닌 존재 자체로 인식하고 그것을 분류했던 것이 아비달마의 5위 75법이다.

일체법의 실유

구사론에서는 세계가 다음의 세 가지로 이루어져 있다고 보았다. '물질', '정신', '에너지'이며, 이에 대해 논한 것이 삼원론(三元論)이다. 이 세 영역의 법이 서로 영향을 주면서 이 세상을 형성하고 움직인다고 보았다. '나'라고 하는 존재도 그러한 법의 집합체로 임시로 존재하는 것에 불과하다고 본 것이다. 즉 모든 것을 '존재'로써 보았고, 정신과 에너지 역시 분해하여 극미한 어떤 존재로 본 것이다. 이처럼 우리가 인식하는 존재의 보는 것을 앞서와 같이 세세하게 쪼개었다. 그리고 이것이 극미(極微)한 수준까지 쪼개고 나서야 이 법(존재)이 실제 있다고 본 것이다. 물질뿐 아니라 정신 그리고 물질과 정신을 연결하는 에너지도 '존재'로 보며 실제 있다고 보았다. 그리고 이렇게 극미한 '존재'는 서로 연기적으로 관계하게 되며 이러한 관계를 오온(五蘊)으로 표현하게 된다. 즉 오온이 아주 극미한 원자와 같은 것으로 존재한다고 보게 된 것이며 그것이 일체법의 실유에 대한 내용이다.

하지만 이때부터 문제가 발생한다. 오온은 연기적으로 발생 되는 것이지 실제 어떤 극미한 '존재'가 아니었기 때문이다. 그것을 존재라고 보는 순간 연기법에서 멀어지게 된다. 또한 무위법의 허공(虛空)에 대해서는 빈 허공이라는 공간 자체도 어떤 존재로 보았으며 택멸(擇滅)

역시 실제 존재하는 것으로 봄으로써 깨달음이라는 것도 존재로 보게 되었다. 모든 것이 존재하는 것으로 보게 됨으로써 무상(無常)과 멀어지는 궁극의 존재를 이야기하는 것이 되어 버리게 된다. 이는 후에 반야중관이 나오면서 그 오류가 지적되고 일체법이 공하여, 단지 연기적으로 일어나는 것으로 보게 되고 이를 법공(法空)으로 표현되게 된다.

2) 남방 아비담마

남방을 중심으로 펼쳐진 아비담마는 현재 청정도론이라는 명칭으로 전해진다. 청정도론에서는 5위 75법이 아닌 4위 82법을 이야기하고 있다. 4위란 무위법의 열반, 유위법의 색(色), 심소(心所), 심(心)을 나타낸다. 색(色)은 10가지 추상적인 물질과 18가지 구체적인 물질을 나타낸다. 심소(心所)는 13가지 다른 것과 같아지는 것들과 14가지 해로운 것들과 25가지의 아름다운 것들을 나타낸다. 심(心)은 무위법의 열반과 같이 1가지이며 이를 '대상을 안다'라고 해서 '알아차림', 즉 '마음(心)'을 나타낸다. 이는 해로운 마음, 유익한 마음, 과보로 나타난 마음, 작용만 하는 마음으로 해서 모두 89가지 혹은 121가지 마음으로 본다. 이상의 내용과 같이 1가지 심, 52가지 심소, 28가지 색, 1가지 열반을 합해서 4위 82법이라고 보았다.

북방 아비달마는 결국 우리가 경험하는 모든 일들은 세세한 하나의

'존재'들의 집합으로 보았다. 그리고 이 '존재'들이 특정 개념 혹은 맥락을 가지고 있을 때 우리는 어떤 경험을 하게 된다. 여기에는 '나'라는 것도 마찬가지다. 나를 규정하는 개념이 있을 뿐이지 나라는 존재는 없다는 것을 극미한 수준의 물질, 즉 존재로 분해하여 보는 것으로서고, 무상, 무아를 이해하는 것이 지혜라고 보았다. 여기에는 각각의 극미한 물질, 즉 '존재'라는 것이 있게 되므로 그것이 어떤 맥락성이나 개념을 가지고 조합되느냐에 대한 개념의 공성을 이야기하는 것이지 존재의 공성을 이야기하는 것이 아니었다.

문제는 이러한 존재들이 개별적으로 있을 수 없다는 점이었다. 그렇기에 이러한 존재는 반야중관사상에 의해 논파되기 시작한다. 연기설에서는 '이것이 있기에 저것이 있고, 이것이 없어지기에 저것이 없어진다.'라는 것과 같이 모든 존재가 서로의 연관 관계에 있어서만 의미가 있을 뿐 독립적인 존재 그 자체로는 아무런 의미가 없다고 전한다. 즉 이것이라는 인식대상과 저것이라는 인식대상이 서로를 비추기에 존재할 수 있다고 보는 것이다.

하지만 이런 연기설의 설명은 잘못하면 두 개의 개별적인 존재들의 상호작용으로 이해하기 쉽다는 것이다. 이것이라는 달마와 저것이라는 달마가 두 가지를 연계시키는 또 다른 심불상응행의 달마로 인해 연계되는 것으로 오해한 것이 아비달마이다. 어떤 것을 지칭했을 때 추상적인 개념이 되므로 '존재'를 규정하는 순간 그것은 또 다른 분해의 대상이 되기 때문에 극미하게 나눈다 해도 결국은 '존재' 자체가 독립적으로 있을 수 없기 때문이다. 아비달마의 5위 75법에 대한 문제점은 반야중관이 나오면서 논파되어 변화하게 된다.

일체법의 자성

북방 아비달마는 반야중관에 의해 논파 된 후 달마(존재)를 네 가지로 분류하고 마음의 작용이라는 관점으로 돌리게 된다. 남방 아비담마의 4위 82법에서 4위란 대상이 되는 '색(色)', 그리고 그것을 받아들이는 수용기관인 '심소(心所)', 다음으로 그것이 받아들여지는 '심(心)'이 그것이다. 여기서 심(心)은 인식작용 자체를 나타낸다. 대상이 되는 색은 수용기관인 심소에 의해 작용이 일어났을 때 '인식'이 된다는 것이며 이를 심(心)으로 본 것이다. 그리고 여기에 열반(涅槃)이라는 것을 더해 4위로 분류하였다. 이는 색(色), 수(受), 상(想), 행(行), 식(識)으로 칭하는 오온(五蘊)의 작용으로 분류된다. 색온(色蘊)은 색(色)으로 보게 되며, 수온(受蘊)과 상온(想蘊)과 행온(行蘊)은 심소(心所)로 보게 된다. 마지막으로 심(心)이 식온(識蘊)이 된다.

아비담마는 오온(五蘊)이라는 존재를 연기적으로 관계하는 것으로 보았지만 그 안에 개별적인 특성을 부여함으로써 색온에는 색온의 자성이 있고, 수온에는 수온의 자성이 있다고 보게 된다. 이로써 일체법에 자성이 있다고 보게 된다. 하지만 이 역시 개별적인 특성을 부여함으로 독립적으로 존재한다고 본 것이기에 반야중관에 의해 논파된다.

(3) 반야중관

불교는 대중부와 상좌부로 분류된다. 초기불교 이후 부처님의 말씀을 중심으로 상좌부가 발전하게 되었다면, 부처님께서 체험하셨던 것을 탐구하는 것으로 대중부가 발전하게 된다. 대다수 상좌부를 중심으로 보수적인 계율과 자기 자신의 구원만을 위한 길로 아라한이 되기 위해 노력했던 것과 다르게 부처님의 전생을 포함한 무수한 삶 자체를 동경하며 부처의 길을 가고자 했던 이들이 나오게 된다. 그들은 현실에서 대중들과 어울려 사는 길이 곧 수행이라 여겼다. 또한 부처님과 같이 지혜와 자비를 몸소 실천하며 속세에 어울려 살면서도 청정할 수 있다고 생각했다. 그래서 고통을 벗 삼아 살면서도 그 고통을 열반의 기쁨으로 여기며 행동할 수 있는 길이 필요했다. 그 결과 탄생한 것이 바로 보살사상이며, 이를 뒷받침 해줄 수 있는 사상이 대승불교이다.

이러한 보살사상을 대표하는 경전 중 하나가 유마경이다. 유마힐의 모습에서 가장 이상적인 보살상을 찾을 수 있었기 때문이다. 그리고 여기서 나오는 것이 불이(不二)의 사상이다. 유마경에는 유마거사에게 문병을 온 사리불과 천녀의 일화가 나온다.

사리불이 유마거사를 문병 오자 천녀는 그 자리에 있던 모든 사람들 위로 꽃을 뿌린다. 그러자 사리불은 출가한 사람에게 있어서는 몸을 아름답게 장식하는 것은 옳은 일이 아니라 생각하며 그 꽃을 떨어트리려고 하였으나 떨어지지 않았고 신통력까지 써서 떨어트리려고 하지만 결국 떨어지지 않았다. 그때 천녀는 사리불에게 말하길 "그 꽃은 재가와 출가를 가리지 않습니다. 그것을 가린 것은 사리불 당신입니다."라고 이야기했다.

이렇듯 청정한 세계와 타락한 세계를 나누는 것은 인간의 마음이지 그 세계 자체는 타락한 것도 아니고 청정한 것도 아니다. 이를 바탕으로 대승보살은 반드시 깊은 산사나 맑은 곳에 있어야 하는 것이 아니라 세속에서 고통을 함께 나누면서도 수행을 할 수 있는 근거를 보여주게 된다.

또한 모든 것이 서로 되비추며 존재하기에 둘이 아니며 타인의 고통 역시 나와 무관하지 않기에 그 고통에 측은해하고 상대방을 위하는 마음을 일으키며 손을 내밀고 함께 나아가는 대승보살의 동체대비를 나타내게 된다. 그렇기에 보살은 아라한과 다르게 세상의 고통에서 벗어나려 하지 않고 열반의 세계로 나아가려 하지 않으며, 열반의 세계와 미혹의 세계가 둘이 아님을 알고 고통 역시 영원하지 않음을 알기에 그를 늠연히 이겨내며 나아가는 모습을 보여준다.

이렇게 열반의 세계와 미혹의 세계가 둘이 아니며 나와 중생이 둘이 아닌 것으로 보는 불이(不二)의 사상은 원시불교의 연기설(緣起說)에 기반을 두고 있으며, 여기에 핵심이 되는 것이 바로 반야중관의 공(空) 사상으로 실제 공(空) 사상 자체는 연기설에서 기원한다.

일체법의 공성

상좌부 불교에 대해 이야기하며 존재의 공성(空性)이 아닌 개념의 공성에 대해 이야기했다. 또한 오온에 개별적인 특성, 즉 자성(自性)이 존재하지 않음에 대해서도 이야기했다. 이와 같이 어떤 개념이 붙어 버리면 그것은 분해의 대상이 되며, 그렇게 분해하면 결국 그 개념은 실체가 아닌 무수히 많은 존재에 의해 이루어진 어떤 집합체에 해당된다. 그리고 이때의 존재란 달마, 즉 법(法)을 나타내며 일체법이란 이러한 모든 존재를 나타낸다. 하지만 이를 존재라고 규정 짓는 순간 그것은 또 다른 개념이 되어버린다. 그렇기에 아무리 존재를 극미한 수준까지 분해하고 들어가도 그것은 다시 분해해야 할 대상이 되어버린다. 또한 이렇게 분해된 최소한의 존재라고 칭해지는 것도 하나의 집합이 형성되도록 하는 또 다른 존재로 두게 되어도 다시 분해해야 할 대상이 되어버린다는 모순이 발생한다. 그렇기에 일체 모든 존재는 개별적인 특성을 가지지 않았을 뿐 아니라 독립적으로 존재하지도 않는다는 것이다. 이것이 일체법은 무자성이며 공성이라는 뜻이다.

연기성공

부처님께서는 연기법을 설하셨다. 연기법이란 이것이 있기에 저것이 있고, 저것이 있기에 이것이 있다는 것을 의미한다. 인연에 의해 모든 것들이 일어난다는 뜻이다. 하지만 여기서 이것과 저것은 실존하는 것인가에 대한 의문이 일어나고 이에 대한 답은 용수보살이 중론으로 밝힌 것이 무자성이라는 공성에 대한 것이다. 공성은 무자성이며 무자성이기에 연기법의 본성은 공성이 된다. 이를 연기성공이라고 한다.

무자성이란 독립적으로 존재하는 것이 없다는 뜻이다. 그렇기에 영혼도 없고 참 나도 없고 절대적 진리도 없다. 오직 인연생기가 되므로 모든 것에는 모든 것이 담기고 하나에 모든 것이 담기고 모든 것에 하나가 반영이 되는 것이다. 인드라의 궁전에 있는 그물과 같이 서로가 서로를 되비추며 우주를 만든다는 화엄법계의 사상으로 이어지는 시초가 연기성공이다.

(4) 경량부

설일체유부에서는 이 세상은 개념과 존재 두 가지로 분류된다고 보았다. 존재란 우리가 체험하는 모든 것은 아주 세세한 수준까지 쪼개면 실존하는 어떤 최소 단위의 존재가 된다고 보았다. 여기에는 극히 미세한 존재의 조합일 뿐이며 그 조합 양상에 따라 특정 개념이 있을 뿐이다. 그러므로 실제 있는 것은 존재(法)이지 개념(名)이 아니다. 그 결과 오온(五蘊)을 극히 분류하여 75법(75가지 존재)로 나누게 된다. 하지만 이것이 중관에 의해 논파 되면서 이러한 존재(法) 역시 실제 있는 것이 아니라는 것으로 보게 된다.

아비달마는 이러한 존재에 대한 이야기이다. 하지만 앞서와 같이 존재 자체가 실제 있다고 볼 수 없기에 이러한 일체의 법은 인식에 대한 작용일 뿐이라고 보게 된다. 즉 존재에 대한 실체성과 자성을 부정하면서 탄생된 것이 경량부(經量部)이다. 경량부에서는 아비달마의 일체법의 실유와 아비담마의 일체법의 자성을 부정한 것이 된다. 그리고 오직 인식적인 측면으로만 이를 보게 되었다. 그 결과 아비달마의 5위 75법 중 5위를 4위로 변화시킨다.

4위란 외부에 인식 대상이 되는 색(色), 그러한 대상을 인식하는 마음의 작용인 심소(心所), 그로 인해 마음에 어떤 인식이 일어나는 심(心), 마지막으로 여기에서 벗어난 열반(涅槃)을 이야기하게 된다.

오온(五蘊)이란 색(色), 수(受), 상(想), 행(行), 식(識)을 나타낸다. 색(色)이란 외부의 대상을 이야기하며, 수(受)는 수용 기관을 의미하며, 상(想)은 그것을 받아들여 마음속에 어떤 상(想)을 짓는 행위를 나타낸다. 행(行)은 그로 인한 체험과 결과를 의미하며, 식(識)은 그에 따른 인식 작용을 나타낸다.

색(色)	수(受)	상(想)	행(行)	식(識)
인식 대상	수용 기관	데이터의 총합 이미지와 기능	좋고 나쁨의 작용 옳고 그름의 작용	인식 작용

여기서 색(色)이란 실제 어떤 것인지 모른다. 단지 우리가 외부의 세상을 다섯 가지 감각기관으로 체험하게 되며 그 결과를 색(色)이라고 칭하는 것이기에 실제 우리가 체험한 색이 그 색이 아닐 수도 있다. 이러한 외부 대상을 수용하는 감각기관과 수용 대상 그리고 그 안에서 일어나는 인식을 분류하면 다음과 같이 된다.

5근(根)	5경(境)	5식(識)
안근(眼根)	색경(色境)	안근(眼識)
이근(耳根)	성경(聲境)	이근(耳識)
비근(鼻根)	향경(香境)	비근(鼻識)
설근(舌根)	미경(味境)	설근(舌識)
신근(身根)	촉경(觸境)	신근(身識)

5근으로 5경을 받아들이고 체험하는 과정이 오온의 수(受)와 상(想)이 된다. 이는 눈앞에 커피 한 잔이 놓여 있을 때 커피의 색깔과 향과 맛과 감촉을 감각기관이 수용하여 뇌에 신호를 보내고 그로 인한 데이터를 수집하여 어떤 모양을 짓게 되며, 이 모양을 기반으로 커피 한 잔이 놓여 있다는 사건이 발생 되는 것을 형성하게 된다. 그리고 이 사건 발생을 인식하는 작용이 일어나는 것이다.

　경량부에서는 아비달마와 같이 개념은 미세하게 분해하면 실체 하지 않는다고 보았다. 하지만 그렇다고 해서 존재, 즉 일체의 법이 실체한다고 보지도 않았다. 그리되면 존재는 다시 개념이 되기 때문이다. 또한 아비담마와 같이 이러한 오온의 작용이 각기 개별적이고 독립적인 기능이라고 보시도 않았다. 그렇게 일체의 법에 대한 자성을 부정하였다. 오직 일체의 법은 오온이라는 흐름으로 이루어지는 인식 활동으로 보게 된 것이다. 이는 후에 일체가 오직 식(識)의 작용일뿐이라는 유식(唯識)사상으로 발전하게 된다.

(5) 유가수행승과 유식학파

　이상의 과정을 거치며 아비달마는 일체법의 실유에서 그를 부정하고 독립적 개별적 특성인 자성이 있다는 것도 부정하면서 모든 것은 인식 작용일 뿐이라는 결과로 이어지게 된다. 그러면서 탄생된 것이 유식(唯識)이다. 아비달마의 극미한 존재 역시 대상을 매우 세세하게 쪼개는 과정이 필요하며, 그러한 존재의 개별 특성이 있음을 알기까지 매우 깊은 수준으로 의식의 흐름과 인식 작용에 대해 관찰하고 분석해야 한다. 마지막으로 의식의 흐름을 더욱 깊이 관찰하면서 탄생된 것이 유식론이다. 이는 의식의 흐름과 인식 작용 자체를 세세히 분석하고 관찰한 것으로 그것이 가능할 정도의 정신력이 필요했다. 분석을 위빠사나라고 하며, 그를 위해 의식의 세세한 흐름을 볼 수 있을 정도의 정신력을 사띠를 통해 얻을 수 있게 된다. 그를 위한 방편이 마음챙김이며 마음챙김이 가능해지기 위해서는 사띠를 통해 정신력을 기르고 그 힘으로 의식을 분석해(위빠사나) 그 흐름을 통합적으로 챙기는 과정을 나타낸다. 그렇기에 위빠사나는 사띠를 갖춘 후에 그 힘으로 분석하는 것으로 이것이 현재 남방불교에서 전승되는 마음챙김에 대한 내용이다.

유식에서부터는 일체의 실유와 일체의 자성이 모두 부정되고 오직 식(識)의 작용만이 있을 뿐이라는 관점으로 변화하게 된다. 그렇기에 유식(唯識)이라 하는 것이며, 이는 우리가 경험하는 세상 역시 실제 그 개념이나 존재가 있는 것이 아니라 오직 식(識)의 작용에 의해 경험하게 되는 것으로 보면서 유식무경(唯識無境)으로 발전하게 된다.

개념에 집착하고 그것이 진실이라고 여기면 한 가지 대상에 마음이

고착되어 고통이 발생하게 된다. 그렇기에 그것을 분해하여 고정된 개념이 없다는 것을 알게 되는데, 아무리 세세하게 쪼개도 극미한 존재가 있다고 여기게 된다면 다시 그 존재 자체가 개념이 되어 분해의 대상이 되며, 단지 그러한 특성이 있다고 여기게 되면 존재에 자성을 부여하게 되는 상황이 오게 된다. 그렇기에 아공법공(我空法空:개념도 공하며 존재도 공하다)으로 이어지며 오직 서로가 서로를 되비추며 일어나는 인식의 작용만이 있을 뿐이라고 보았다. 그리고 이러한 인식의 작용을 세세하게 풀어서 분류한 것이 바로 유식사상이다.

견분(見分)과 상분(相分)

인식이란 인식 주관이 인식 객관에 대해 무엇인가 알게 되는 활동을 나타낸다. 그렇기에 인식이 일어나기 위해서는 주관과 객관이 서로 관계를 맺음으로써 성립되며 이를 '연(緣)'이라 한다. 이때 인식을 주관하는 것을 능연(能緣)이라 하며 인식되는 객관을 소연(所緣)이라 한다.

그러므로 무언가 인식이 일어난다는 것은 능연의 식(識)이 소연의 경(境)을 연(緣)하는 활동을 나타낸다. 이러한 인식 활동을 헤아림이라는 의미에서 '량(量)'이라고 부른다. 그렇기에 능연식을 능량, 소연경을 소량이라 칭하기도 한다. 그리고 이러한 능량과 소량 사이에서 일어나는 인식 활동을 량(量)이라 하며, 그 결과를 양과(量果)라고 칭한다.

우리가 사물을 볼 때 그를 보는 주체가 있고 보이는 대상 객체가 있다. 보는 주체란 인식 활동이 일어날 때 인식을 하는 측면이며 이를 견분(見分)이라고 부른다. 반대로 보이는 객체란 인식되는 대상(境)을 의미하며 이를 상분(相分)이라고 부른다.

> 견분 : 인식하는 주체, 보는 것
> 상분 : 인식되는 객체, 보이는 것

이와 같이 세상을 인식할 때 일어나는 활동 속에는 주관(識:인식 주체)이 있고, 객관(境:인식 대상)이 있다고 본다. 이성적 사유 혹은 감각적으로 분석하고 사유하는 것은 견분이 되며, 그러한 사유와 감각의 대상이 되는 부분이 상분이 된다. 아비달마에서 이야기한 존재인 색(色)과 개념인 명(名)은 모두 이러한 인식 대상이 되며 상분이 되는 것이다. 그렇기에 견분과 상분은 서로 인이 되고 과가 되는 것으로 서로 별도로 존재한다고 볼 수 없게 된다.

우리가 눈앞에 있는 컵을 인식한다고 할 때 컵을 보는 나는 견분이 되며 내게 보이게 된 컵은 상분이 된다. 인식의 주관과 객관이라는 측면에서 보면 컵을 보는 나와 내가 본 컵이 있기에 이 '컵'이라는 대상은 그를 본 '나'와 무관하지 않게 된다. 내가 봤기에 그곳에 그 컵이 있는 것이며, 그 컵이 있기에 내가 그것을 본 것이다. 이 안에는 '나'와 '컵'이라는 존재가 있는 것이 아니라, 인식을 하는 주체와 인식을 하는 대상이 있을 뿐이므로 오직 '식(識)'의 작용으로 인식 주체와 대상이 일어난 것으로 보게 되는 것이다. 그렇기에 인식하는 것과 인식의 대상이 되는 것은 서로 별도로 존재하지 않게 된다. 그저 서로가 되비추며 일어날 뿐이다. 그리고 이러한 작용을 식의 작용이라 한다.

자증분(自證分)과 증자증분(證自證分)

견분과 상분은 식(識) 자체가 이원화되며 일어난 것을 나타낸다. 그리고 이원화의 활동을 전변(轉變)이라 한다. 그리고 견분과 상분으로 이원화되기 이전의 식체(識體)를 자증분(自證分)이라 칭했다.

식이 주객으로 이원화될 때 그 과정에서 식의 주체인 견분과 식의 대상인 상분(相分)이 있게 된다. 이렇게 식의 대상이 되는 상분은 소연경(所緣境)이라 하는데, 이는 식이 전변한 결과이므로 식소변(識所變)이라 한다. 그리고 상분을 인식하는 견분은 능연식(能緣識)이라 하는데, 이러한 소연경이라는 식의 전변한 결과인 식소변이 있을 때 그를 인식하는 것이 바로 능변식(能變識)이다.

상분이라는 소연경이 있을 때 그를 인식하는 주체가 바로 견분인 능연식이다. 능연식은 소연경을 인식하는 작용이다. 이때 이러한 소연경과 능연식은 하나의 식이 전변되어 일어난 것으로 보게 된다. 이게 바로 능변식(能變識)이다. 즉 상분이 있을 때 견분이 일어난다. 그리고 이러한 상분과 견분, 인식의 대상과 인식의 주체가 있을 때 이러한 주체와 객체(대상)는 식 작용이 전변되어 일어난 것이며, 이 두 가지 인식 작용을 통합적으로 인식하는 작용을 능변식이라 칭한 것이다.

1. 견분이 상분을 인식함
2. 견분과 상분 모두 식의 작용이며 인식에 의해 일어나므로 서로 별도로 존재할 수 없음
3. 상분이라는 인식 대상은 견분이라는 인식 주체가 인식하게 됨
4. 이러한 인식 작용은 크게 보면 하나의 식이 전변한 것이며, 이를 능변식이라 함

이러한 구조가 되는 것이다. 그리고 이러한 인식 작용은 결국 인식상의 견분과 상분, 즉 주관과 객관이 근원적으로 분리된 두 실체가 아니라 그 둘을 포괄하는 식 자체로부터 분화된 결과라는 것을 의미한다. 이러한 식 자체를 유식에서는 자증분(自證分)이라고 한다.

이러한 자증분은 공간의 분류인데, 견분과 상분이라는 주체와 객체가 있을 때 이것이 식의 전변이라는 것을 나타내는 식 자체를 의미한다. 하지만 여기에는 시간이라는 틈이 존재하게 된다. 즉 다음과 같이 작용이 일어나게 된다.

증자증분(證自證分) → {자증분(自證分) → (견분(見分) → 상분(相分))}

　견분은 상분을 인식하는 주체이다. 그리고 이러한 인식의 주체, 즉 인식 활동을 하는 것을 인식하는 식의 작용이 자증분이다. 하지만 이때 견분은 주체가 아닌 객체가 되어 버린다. 즉 인식의 대상을 인식의 주체가 인식하는 과거의 순간이 있고, 그것을 인식하는 현재의 순간이 있다. 이 현재의 순간이 바로 자증분(自證分)이다. 그리고 견분과 자증분 사이에 존재하는 시간상의 틈이 있게 된다. 그렇기에 이러한 시간의 흐름까지 모두 포괄해서 인식하는 증자증분(證自證分)을 이야기하는 것이다. 증자증분은 견분과 상분이라는 주관과 객관의 식 작용이 일어나는 것을 인식하는 인식인데, 이러한 인식 작용까지 모두 포괄해서 인식하는 작용을 증자증분이라 칭한 것이다. 그렇기에 증자증분에서 자증분과 견분이 분리되며, 자증분에서 견분과 상분이 분리되는 것이다.

　이상과 같이 인식 작용이 크게 보면 하나의 식이 전변해가는 것인데 이를 능변식이라고 했다. 이러한 능변식은 3종류로 크게 구분된다. 이것이 바로 이숙식(異熟識)과 사량식(思量識)과 요별경식(了別境識)이다. 여기서 요별경식은 전5식과 제6의식을 의미한다. 사량식은 제7말나식을 의미하며 이숙식은 제8아뢰야식을 의미한다. 그러므로 식(識)이란 모든 대상을 인식하는 능연식(能緣識)이면서 스스로 자신의 대상을 산출하는 능변식(能變識)이다. 이와 같이 각각의 식(識)은 인식의 대상을 스스로 산출해 낸 것이라고 보면 된다.

이러한 능변식(能變識)을 간략히 살펴보면 다음과 같다.

요별경식(了別境識)

대상을 요별한다는 것으로 대상을 분별하여 인식한다는 말이다. 안식, 이식, 비식, 설식, 신식으로 이루어진 전오식(前五識)과 그를 대상으로 하는 오경(五境)이 있다. 그리고 여기에 의식(意識)과 그 대상인 법경(法境)이 있으며, 이는 이를 인식하는 주체인 오근(五根)과 더불어 십팔계(十八界)를 형성한다.

오근(根)	오경(境)	오식(識)
안근(眼根)	색경(色境)	안식(眼識)
이근(耳根)	성경(聲境)	이식(耳識)
비근(鼻根)	향경(香境)	비식(鼻識)
설근(舌根)	미경(味境)	설식(舌識)
신근(身根)	촉경(觸境)	신식(身識)
의근(意根)	법경(法境)	의식(意識)

여기서 오근(五根)이라는 감각기관에 의해 오경(五境)이 인식될 때를 오식(五識)이라 칭한다. 이때의 오경은 색법(色法), 즉 색온(色蘊)으로 분류하며 여기에 의근(意根)을 통해 법경(法境)이 인식될 때를 의식(意識)이라 칭하며 이를 제육식(第六識)이라 한다. 이는 감각대상과 사유대상을 나타내며 이를 통해 우리가 살아가는 세상을 분별하여 인식하게 된다. 그리고 이러한 의식을 인식하는 것이 사량식(말나식)이다.

사량식(思量識)

사량식은 말나식이라고 부르며 이는 제육식 이면에서 작용하는 분별을 결정짓는 욕망을 일으키는 식을 나타낸다. 앞서 요별경식은 크게 전오식과 제육식으로 분류된다. 제육식의 의식은 전오식으로 일어난 인식 대상을 인식하는 대상 인식에 해당된다. 사량식은 이러한 대상인식을 인식하던 의(意) 자체의 자기의식 또는 자기 인식이다.

말나식에 의해 의식이 전오식으로 일어난 식의 흐름을 인식할 때 특정 구조화를 일으키게 된다. 이러한 구조는 동일한 사물을 보더라도 그것으로부터 일어나는 식의 흐름이 달라지며 이를 일으키는 것이 의식이다. 이때 식의 흐름에서 좋고 나쁨이나 옳고 그름에 대한 분별 판단이 나오게 된다. 바로 이러한 분별과 판단을 일으키는 내재적인 작용을 사량식이라 칭한다. 사량의 사(思)는 마음의 인위적 조작을 나타낸다. 이를 통해 제육식인 의식의 대상 분별적 사유를 가능하게 한다.

의식은 오감에 주어지는 감각 내용들을 자기 자신과 자기 밖이라는 내외의 분별을 일으키고 자기 밖의 외부 세계의 현상을 대상화시킨다. 그리고 대상화된 세계를 의식이 지닌 특정 언어를 기반으로 명칭과 관계를 결정 짓고 그것을 실체화시켜 고정화하는 작업을 하게 된다. 이때 외부 세계와 나 자신을 분별해 '나'라는 것을 규정 짓는 것이 '의식'의 역할이다. 다만 이때 '의식'은 분별만 할 뿐이다. 이러한 분별을 통해 '나'가 규정 짓게 되는 것은 '의식'을 통해서가 아니라 의식의 소연에 해당되는 '말나식'에 의해서이다. 말나식은 의식이 자기와 타인, 자아와 외부 세계, 대상의 실체와 속성이라는 것으로 구분 짓고 분별을 일으킬 때 그 활동의 근저에 자기 자성을 가진 실체로 규정하는 법집(法執)이 생기는데, 바로 이러한 법집이 말나식의 사량에 속한다.

의식이 나를 나로서 규정 짓는 모든 것들은 이러한 사량식의 분별 판단 규정에 의한 내재적 패턴에 의해 일어나는데, 이러한 패턴을 일으키는 것이 사량이며 이러한 인식 활동에 대한 주체가 사량식이 된다. 그리고 이러한 인식의 소연, 즉 그를 인식하는 주체가 바로 이숙식이라 칭하는 아뢰야식이다.

1. 유가심인이란 무엇인가? | 43

이숙식(異熟識)

감각기관과 그에 따른 통합적인 의식, 그리고 그를 일으키는 배경인 욕망과 사유가 전오식과 의식, 말나식에 대한 내용이다. 그리고 이러한 말나식의 이면에는 아뢰야식이 작용하고 있다. 이러한 아뢰야식은 의식과 말나식의 내용이 바뀌거나 멈추어도 그 식 전체가 나 자신의 식으로 남아 있을 수 있게 해준다.

나를 나라고 규정하는 여러 '식'들이 존재한다. 하지만 기절을 한순간이거나 잠에 빠져든 순간 또는 꿈속에서 내가 전혀 다른 나의 모습과 상황으로 인식하고 있지만, 정신을 차리거나 잠에서 깨면 기절하기 이전이나 잠에 빠지기 전에 내가 나리고 여기는 인식이 계속 유지가 된다. 또한 지금의 나와 과거의 내가 다른데 지금 현재 여기서 과거의 나에 대한 기억이 불현듯 떠오르고 사라지고 한다. 그럼에도 불구하고 지금 현재 나를 나라고 인식하는 그 작용은 계속 유지가 된다. 바로 의식과 말나식 이면에 존재하는 아뢰야식이라 칭하는 이숙식이 자리하고 있기 때문이다.

아뢰야식은 의식이나 말나식의 심층에 존재하면서 식이 남긴 흔적을 종자로 간직하고 있게 된다. 이는 최소 단위의 압축된 기억의 모음과 같으며 말나식에 영향을 주게 된다. 그렇기에 아뢰야식은 종자(기억, 자료)들을 함장한 식이라는 의미에서 장식(藏識)이라고 칭하기도 한다. 이는 잠재적인 종자들의 총체이며 의식이나 의지보다 더 깊이 감추어진 식으로 모든 식 작용의 근본 전제가 된다.

이러한 아뢰야식은 본래 유가(요가) 수행자들에 의해 수행의 과정에서 직접적으로 경험되고 발견된 심층의식이다. 평상시에 의식되지 않았던 무수한 영상들이 깊은 명상 상태에서 눈앞에 펼쳐지는 경험을 하게 되는데, 현재 내 눈 앞에 있는 세계와 구분되는 다른 세계가 있고 이것이 마치 실재하는 것처럼 눈앞에 전개되며 영향을 주게 되는 것을 발견하게 된다.

유가 수행자들은 표층적 의식 활동이나 의지적 집착을 멈춤으로써 의식보다 더 깊은 세계가 있음을 알게 되며, 우리 내면에 외부의 정보를 기반으로 어떤 영상을 만들어 내는 식이 있음을 알게 되었고 그것이 말나식이었다. 그리고 이러한 말나식보다 더 심층에 이러한 영상을 산출하는 깊고 미세한 식이 작용하고 있음을 발견하게 된다. 그리고 이러한 미세한 식은 일상에서도 발현되어 작용하고 있다는 것을 알게 되면서 일상 속에서 의식의 대상으로 나타나는 일체의 색(色)과 법(法)이 모두 이러한 식(識)의 현현일 뿐이라는 것을 자각하게 되면서 나온 것이 일체유식(一切唯識)이다.

중요한 것은 이러한 종자는 '존재'가 아닌 어떤 추동력을 지닌 '사건(Event)의 집합'이라는 것이다. 말 그대로 '식(識)'에 대한 것이며, 이러한 식 역시 처음 이야기한 것과 같이 독립적으로 존재할 수 있는 것이 아니라 서로가 서로를 비추면서 생기는 이벤트와 같은 것을 나타낸다.

만일 이러한 종자를 최소 단위의 '존재'나 어떤 개별적 특성인 '자성'으로 이해한다면 설일체유부와 청정도론에서 논한 것과 별반 다를 것이 없게 된다. 실제 종자설은 유식 이전에 경량부에서 처음 나왔다. 경량부 이전에 유부에서는 윤회설을 포함해서 인간 행위에 따른 업보의 연속성에 대해 설명할 때 업의 본질은 행위자의 신체적, 언어적, 물질적인 것이 사라진 이후의 업의 존속을 설명하기 위해 물질적 형색이 남긴 보이지 않은 무표색(無表色)을 주장하였다. 무표색이 오온 중 남아 상속하다 또 다른 불상응행(不相應行)이 득(得)에 의해 현재의 마음과 결합해 새로운 과를 낳는 무표업(無表業)으로 작용한다고 본 것이다. 이러한 무표업은 쉽게 표현해 '과거의 영향력'이라는 존재를 뜻한다. 그렇기에 이는 현재의 의식과 구분되는 방식으로 존재하게 된다. 그러다 어느 순간 현재의 의식을 일으킬 수 있는 존재로 여긴 것이다. 이에 반해 경량부는 불상응행법의 실체성 혹은 실유성을 부정하였다. 불상응행법을 별도의 구분된 것으로 여긴 것이 아니라 지금 행위에 앞선 행위에 대한 인과적인 연속성으로 이를 종자라고 불렀다.

유식에서는 이러한 종자를 업이 남긴 흔적 또는 남겨진 습관적 기운이라는 의미로 습기(習氣)라고 불렀다. 어떤 존재로서 규정된 원인자가 아니라 여러 식의 작용에 따라 형성된 특정 인식 작용의 추세적 흐름에 따른 잔여로 본 것이다. 이러한 흐름의 잔여들을 종자라 부른 것이며, 이러한 종자 자체의 흐름을 아뢰야식이라고 한다. 업이라는 개별 요소가 있는 것이 아니라 그 흔적인 종자가 계속 남아 영향을 주게 된다고 본 것이다.

그렇기에 아뢰야식의 종자는 인간이라면 인간이라는 종의 집단이 공유하고 있는 것으로 보이는 수준에서의 깊은 심층에 자리한 습기(習氣)를 나타낸다. 이는 서로가 무관하지 않고 서로를 비추며 사건의 흐름을 일으키며 현상이 발생되기에 그 현상에 대한 추세, 즉 흐름이 하나의 습기(習氣)를 이루어 무수히 많은 세밀한 종자들이 매 순간 새롭게 탄생하게 된다. 이것이 종자의 전변이며 심층 깊은 곳에 자리해서 말나식과 의식에 영향을 주게 된다. 그리고 이렇게 현실에 영향을 주며 그에 따른 현상을 체험시키게 된다. 그리고 여기에는 다른 무수한 인연들이 연동하며 새로운 현상을 일으키고 이는 다시 습기에 변화를 주어 새로운 습기를 이루게 되며 그에 따른 무수한 종자들이 재탄생하게 된다. 이렇게 순환을 하며 종자가 전변되어 나가는 것이 식의 흐름 자체이다. 그렇기에 우리가 체험하는 경(境)에 대한 것이 있는 것이 아니라 오직 식(識)의 작용만 있다는 것이 되며 이것이 유식무경(唯識無境)이 된다.

그리고 이러한 아뢰야식의 특징은 우리 자신의 마음 활동이지만 우리가 명확하게 의식하지 못하는 그런 마음의 활동이 된다. 이는 의식과 말나식에 대한 작용을 인식하는 수준까지 들어가야 비로써 드러나게 된다. 그렇기에 일반 사람들은 이를 인식할 수 없으며, 유가 수행승들이 깊은 선정삼매에 들어가 의식 작용 이면의 작용을 통찰하여 말나식의 작용을 체험하고, 말나식의 작용을 다시 분해하여 그 이면의 작용에 대해 통찰하여 아뢰야식의 작용에 대한 통찰을 얻게 되면서 유식이 완성되었다.

마지막으로 이러한 유식은 유가 수행승들의 수행에 대한 통찰이기도 하다. 그리고 이를 통해 삼성(三性)설이 나오게 되며 이는 수행을 통해 성취해야 하는 경계에 대한 지침이 나오게 된다. 그것이 바로 의타기성(依他起性), 변계소집성(便計所執性), 원성실성(圓成實成)이며 중생이 탐진치만의에 의해 고통에 빠지는 것은 변계소집성으로 세상을 보기 때문이므로 원성실성으로 세상을 바라보며 대해야 하는 가르침으로 이어지게 된다.

삼성설(三性說)

삼성설(三性說)이란 의타기성(依他起性), 변계소집성(便計所執性), 원성실성(圓成實成)을 나타낸다. 의타기성이란 '다른 존재에 기대서만 성립되는 성질'로 연기(緣起)와 완전히 같은 뜻이다. 이러한 의타기성

(依他起性)의 세계를 제대로 보면 원성실성(圓成實成)이며, 제대로 보지 못하고 어느 한쪽에 편벽된 상태로 헤아려서 집착하는 성질로 보면 변계소집성(便計所執性)이 된다. 이와 같이 동일한 세계를 어떻게 바라보느냐에 따라 달라지며, 이는 '연기(緣起)적인 세상'을 잘못 보면 속제(俗諦)요, 바로 보면 진제(眞諦)라는 중관불교의 이제설(二諦說)과 같은 뜻이 된다.

이 세상은 본래 의타기성과 같이 모두 인연 따라 이루어질 뿐이지 독립적으로 존재하는 것이 아니라고 보게 된다. 그저 서로 다른 조건과 환경이 인연이 되어 나타나는 것을 말한다. 하지만 변계소집성은 그러한 세상에 부여된 한 가지 개념만을 바라보는 것을 말한다. 이는 사물에 자성(自性)이 있다고 집착하는 것으로 그로 인해 분별심을 일으켜 왜곡시켜 보는 것을 나타낸다. 그에 반해 원성실성이란 그러한 자성이 없다고 보며 단지 연기법에 의해 지금 이 순간 일어난 것으로 본다. 이렇게 있는 그대로 보면 원성실성이 된다. 의타기성이 그러한 성질을 이야기하는 것이라면 그 성질을 있는 그대로 보는 것이 원성실성이 되며, 그 성질 중 특정 부분만 규정해서 보는 것을 변계소집성이라고 보면 쉽다.

만일 어떤 사람이 밤에 길을 걷다가 길거리에 뭔가를 보고 뱀이라고 여겨 깜짝 놀라게 된다. 다음날 다시 그곳에 가서 자세히 살펴보니 노끈임을 알게 된다. 여기서 노끈을 뱀이라고 여기고 놀란 것이 변계소집성의 상태이다. 그런데 이와 같이 노끈을 뱀으로 오인한 것은 그 모습에 유사성이 있고, 뱀에 대한 두려워하는 마음이 있으며, 외부의 노끈과 내부의 심상이 인연화합해서 일어나는 것이므로 의타기성이 된다. 비록 노끈을 뱀으로 보고 놀라게 되는 변계소집성의 상태라 해도 다시 그것이 뱀이 아닌 노끈임을 알고 원래 자리로 돌아와 오직 하나로만 규정 짓지 않고 바라보게 되는 것을 원성실성이라고 한다. 즉 의타기성은 이 세상의 성질을 표현한 것이며, 변계소집성은 자성에 대한 집착으로 생기는 상태를 나타내는 것이며, 원성실성은 무자성(無自性)임을 알고 뱀으로 착각했던 외부 사물을 있는 그대로 노끈이라고 바라보며 그것에 대해 인연생기로 발생되는 무수한 것이 함께한다는 것을 알고 바라보는 상태가 원성실성의 상태이다. 유식사상은 이러한 삼성설이 전해짐으로써 기존의 아비달마와 경량부 사상을 넘어 대승사상으로 여겨질 수 있었다.

(6) 무상심인과 대승기신론

유식에서는 우리가 체험하는 경(境)에 대한 것이 있는 것이 아니라 오직 식(識)의 작용만 있다는 유식무경(唯識無境)으로 이어지게 된다. 그리고 이는 아뢰야식의 전변에 의해 일어나는 무수한 식의 작용으로 보게 되었다. 하지만 이때의 경(境)이란 외부에 실체하는 그 무엇을 말함이 아니다. 유식에서는 그것이 무엇인지 모르지만 그것을 지각할 때 오근(五根)을 통해 수용된 인식 작용이 내부에서 어떤 작용을 일으키며 심상을 만들게 되며 이러한 심상이 식 작용에 의해 일어나게 된다고 본 것이다. 그리고 이러한 식 작용을 인식하는 것이 생기게 된다.

이는 오온 중 색, 수, 상, 행, 식에서 외부의 대상을 색으로 보고, 그에 대한 정보를 받는 것을 수에 대한 것으로 봤을 때 그를 통해 일어나는 상(相)이 있고, 이러한 상이 아뢰야식에서 말나식을 거쳐 일어나는 무수한 종자의 발현에 의해 특정 행(行)을 결정 짓게 되며 그에 대한 인식 작용이 일어나게 되는 것으로 본 것이다. 이때 이러한 상(相)을 어떻게 보느냐에 따라 유상유식(有相唯識)과 무상유식(無相唯識)으로 갈라지게 된다.

유상유식(有相唯識)과 무상유식(無相唯識)

유상유식(有相唯識)과 무상유식(無相唯識)의 가장 큰 차이점은 이러한 외부세계와 지각작용이 상호작용에 의해 형성된 상(相)이 실제 있다고 보면 유상유식(有相唯識)이 되며, 그것이 실제하는 것이 아닌 찰나적인 생멸로 본 것이 무상유식(無相唯識)이다.

유상유식에서는 외부의 세계를 의타기성으로 보아 서로가 서로를 비추며 존재하는 것으로 보았다. 하지만 무상유식에서는 우리가 인식하는 외부의 세계란 단지 상호작용에 의해 형성된 내적 표상일 뿐이므로 그것이 실체하는 것이 아니라 인연에 의해 찰나적으로 생겼다가 사라지는 이벤트로만 본 것이다. 그렇기에 우리가 인식하는 세계는 결국 의타기성이 아닌 변계소집성이 되어 버린다.

이러한 내부표상은 존재한다고 여기는 것은 마치 장대하게 흐르는 강물에 잉크 한 방울을 떨어트렸을 때 그 잉크가 물속에서 퍼지는 특정 모양이 존재한다고 여기는 것과 같다. 그것은 단지 사건의 흐름에 따라 찰나적으로 생겼다 사라지는 이벤트일 뿐이지 실재하는 것이 아니라고 본 것이 무상유식의 주장이 된다. 그렇기에 무상유식에서는 형상이란 주관과 객관의 양상으로 현현된 것이지만 본질적으로는 비존재적인 형태를 나타낸다고 주장하였다. 유상유식에서는 형상이란 외부세계의 대상으로서 현현되는 내부 세계의 모양, 즉 객관적인 형상을 이야기했으나 무상유식에서는 그러한 내부세계의 모양 자체가 찰나적 생멸인 이벤트일 뿐이라고 보았다.

두 관점은 공통적으로 의타기성을 형상이 이루어지는 시공간으로 여기면서도 그 구상작용이 미치는 범위에 관해서는 서로 다르게 표현한 것이다. 그 결과 유상유식을 따르는 학파는 이러한 식의 작용을 일으키는 아뢰야식을 실유의 실체로 간주하고 이것이 전변해서 보는 주체와 보이는 객체로 나누어진다고 보게 된다(식소변으로서의 견분과 상분). 하지만 이것이 식소변인 줄 모르고 독립적인 경(境)으로서 실체화된 실유로서의 아와 법으로 분별하게 된다고 본 것이다. 그렇기에 유상유식에서는 주객을 식전변으로 여기면 의타기성에 속하고, 이러한 식전변이 의식과 말나식의 허망분별에 의해 아(我)와 법(法:존재)으로 집착되는 것을 허망분별이라 하여 변계소집성이라고 본 것이다. 이러한 구조에 따라 유상유식에서는 견분과 상분은 아뢰야식 의타기의 식전변의 결과, 즉 식소변으로 '있는 것'이고, 독립적 실체로서 허망분별된 실아와 실법은 변계소집으로 '있는 것이 아님'을 강조하게 된다. 그러므로 이와 같이 유상유식에서는 마음에 비친 이러한 상(相)이 실재하는 것이라고 보며 그 고유한 본성을 지니고 있다고 보게 된다. 그렇기에 마음에 내재하는 사물의 모습은 허구가 아니라는 관점을 가지게 된다. 하지만 무상유식에서는 이러한 사물의 모습, 즉 상(相) 자체가 고유의 본성을 가지고 있지 않고 그저 찰나적으로 일어났다 사라지는 것으로 보게 되므로 마음에 내재하는 사물의 모습 역시 허구라는 관점을 가지게 된다. 그리고 이러한 무상유식의 관점은 진여(眞如)라는 것에 자성이 있느냐 없느냐의 관점으로 이어지게 된다.

진여(眞如)의 자성(自性)과 무자성(無自性)

유상유식에서는 진여(眞如)에 자성이 있음을 이야기하게 되며, 무상유식에서는 진여에 자성이 없음을 이야기하게 된다. 이러한 유상유식은 중국으로 건너가 유가사들을 낳게 되고 진여에 자성을 부여함으로써 진속이제(眞俗二諦)를 표현하면서 대승기신(大乘起信)을 일으키게 된다. 즉 이러한 내부의 표상은 연기법에 의해 일어났다 사라지지만 그것이 존재한다고 봄으로써 자성을 부여하게 된다. 대승기신론에서는 이러한 관점을 파도에 비유했다. 그저 진여라는 바다가 있을 뿐이며 그곳에 세상이라는 파도가 잠깐 일어났다 사라진 것이지 어떤 특정 파도라는 것이 있을 수 없다고 보며 연기설을 이야기한다. 하지만 이러한 파도 자체는 바다의 일부라고 보며 바다라는 자성(自性)을 부여한 것으로 연결된다.

무상유식에서는 세상을 우리가 인식하는 과정에서 내부에 일어난 표상은 찰나적으로 일어났다 사라지는 이벤트일 뿐이라고 이야기했다. 그렇기에 그러한 흐름에 자성은 존재할 수 없으며 그저 연기(緣起)에 의해 일어났다 사라지는 작용일 뿐이라고 본다. 파도라는 것이 있을 뿐 파도 이면에 바다라는 고유의 실체를 이야기하지 않았다. 파도가 일어났다 사라지듯 바다 역시 끊임없이 변화하며 장대한 흐름 속에 잠시 잠깐 무수한 이벤트들이 일어났다 사라질 뿐인 것이다.

이러한 무상유식의 내용은 중관사상에 흡수되어 유식행 중관학파를 이루게 된다. 여기서 우리는 혼자 독립적으로 존재할 수 없고 우리가 인식하는 모든 것들은 서로가 서로를 되비추며 발생 되는 현상일 뿐이라고 보게 된다. 그 과정에서 찰나적으로 일어나는 것이 있게 된다. 무상심인(無相心印)이란 이렇게 내부표상에 자성을 부여하지 않고, 무자성인 상태 그대로 찰나생멸로 발생 되는 마음의 '인상'일 뿐이라는 것을 의미한다. 그리고 이러한 무상심인은 종국에 중관과 결합해서 화엄으로 발전하며 동체대비(同體大悲)를 일으키게 된다. 즉 혼자 독립적으로 수행을 통해 지고한 경지에 오르고 그로써 부처가 된다는 것은 불가능함이 자연스럽게 도출된다. 오직 세상 속에서 세상과 내가 무관하지 않고 둘이지 않으며, 서로가 서로를 비추며 일어났다 사라지는 이벤트 속에 자리하기에 자연스럽게 보살도의 실천으로 드러나게 되는 것이며 여기서 실천, 활동, 작용으로써의 마하바이로차나가 나오게 된다. 이와 같이 모든 것의 개념을 부정하며 타파했던 중관 사상에서 무상심인으로써 모든 것이 일어나고 사라질 뿐이며 이는 서로가 서로를 되비추는 연기로써 일어나는 것이니 있는 그대로 쓰임이 있고 부처가 자리하지 않은 곳이 없다는 대긍정의 화엄사상으로 발전하게 된다.

(7) 유가사와 무상유가사

유가사(瑜伽師)란 요가 수행을 하는 사람을 나타낸다. 이러한 유가사에 의해 설일체유부에서는 존재를 75개로 쪼개고 분류해서 볼 수 있었으며, 거기에서 더 나아가 잠에 들거나 기절했다 깨어난 이후에도 '나'라고 칭할만한 그 무엇의 영속성을 발견하게 되면서 인식 작용이 매우 깊은 수준에서 일어나는 것을 발견하게 된다. 깊은 선정 삼매에 들어가 의식이 사라지면서 그 이면에서 활동하는 말나식을 발견하게 되고, 그러한 말나식이 사라질 때 그 이면에서 작용하는 아뢰야식이 있음을 발견한 것도 유가사들에 의해서이다. 또한 유식에서 유상유식과 무상유식을 도출해 낼 수 있었던 것도 마찬가지이며, 이러한 유가사들이 심층마음의 구조를 파악하여 수행의 방편으로 삼은 것이 유식사상이기도 하다. 그리고 이러한 유식사상은 유상유식과 무상유식으로 양분되었다. 유상유식은 중국에 전해지게 되며 발전하게 되었다. 무상유식은 중관사상과 결합하면서 유식행 중관학파를 탄생시킨다.

유가심인(瑜伽心印)과 무상유가밀(無上瑜伽密)

앞서 이야기한 것과 같이 유상유식에서는 우리가 인식하는 세상에 대한 특정 내부표상이 실제 존재하며 작용한다고 보았다. 이는 유가사들이 물질세계에서 보지 못하는 것까지 인식하고 보면서 그것이 실제 영향을 주는 것에 대한 배경으로 도출된 것으로 보인다. 하지만 여기에 중관사상이 깊이 도입되면서 이러한 내부표상 역시 실제 존재하는 것이 아닌 연기법에 의해 찰나생멸 하는 것으로 보게 된다. 하지만 이는 또 다른 인연이 되어 무언가에 영향을 주고받는 것이기에 실체는 없지만 작용은 일어난다. 그렇기에 이것을 심인(心印)이라 보았으며 이러한 심인을 다루는 유가사들이 나오게 된다. 이처럼 무상유식과 중관은 서로 통합하게 되면서 유식행 중관학파가 나오게 된다. 즉 반야중론과 무상심인이 합쳐지며 유식행 중관학파가 탄생되었다. 이로써 유가를 넘어섰기에 무상유가(無上瑜伽)라 하며 이러한 가르침을 실천하는 이들을 무상유가사(無上瑜伽師)라고 칭하게 된다. 대수인법(大手印法)이란 무상유가밀(無上瑜伽密)이며, 유가심인(瑜伽心印)이란 유식행 중관에서 발전되어 탄생된 화엄사상을 기반으로 한다는 의미이다. 그러므로 유가심인 대수인법은 유식행 중관학파를 기반으로 화엄사상을 실천하며 심인(心印)을 다루는 무상(無上)의 유가밀(瑜伽密)이라는 의미이다.

2. 대수인법

　대수인법은 육성취법과 함께 무수한 신비 전승에 영향을 준 티벳밀교의 방편이다. 이는 백교(까규파) 전승으로 중국에 전해지면서 다양한 도교 밀법과 선도 수행법 성립에 큰 영향을 주었다.

(1) 백교 전승

　백교의 전승은 단순히 까규파 하나만을 이야기하지 않고 무수히 많은 지파들이 있지만 다음의 두 가지 계통이 대표적이 된다.

- 육성취법 : 금강총지 – 틸로빠 – 나로빠 – 마르빠 – 밀라레빠
- 대수인법 : 금강총지 – 다키니 – 용수 – 마이트리파다 – 샤바리빠 – 마르빠 – 밀라레빠

이 중 육성취법의 경우 몇 가지 계통으로 나뉘어져도 유사하게 전승이 되고 있다. 하지만 대수인법은 전승 경로에 따라 육성취법과 큰 차이가 없는 기맥 수련법이 전해지기도 한다. 또한 비밀집회 탄트라와 유사한 성적인 방편을 중심으로 전승이 되기도 한다. 그리고 기맥 수련과 관련 없이 즉시로 깨닫는 돈법으로 전해지는 대수인법도 있다.

(2) 3가지 대수인법(大手印法)

대수인(大手印)은 범어로 Mahamudra인데 Maha는 '대(大)'이며 mudra는 '인(印)'을 의미한다. '대(大)'는 큰 행복인 대락(大樂)을 의미하고 '수인(手印)'은 공성을 의미한다. 그렇기에 대수인이란 낙공무별(樂空無別) 그 자체를 의미하는 것이다. 또는 몸으로 짓는 인장이라고 해서 대신인이라고 칭하기도 한다. 그 외에 대상징이라는 번역어로도 전해지고 있다. 그렇기에 밀종의 대수인은 '명공불이(明空不二)', '낙공불이(樂空不二)'라고 하며 대수인은 무수인(無手印)이라고도 한다. 이러한 대수인은 일반적으로 실주 대수인(實住 大手印), 공락 대수인(空樂 大手印), 광명 대수인(光明 大手印)의 3종이 있다.

1) 실주 대수인(實住 大手印)

일반적으로 가장 많이 알려진 대수인법이 실주 대수인법이다. 이는 사유가행이라고 알려진 네 가지 수행을 말한다. 전일(專一)유가, 리희(離戲)유가, 일미(一味)유가, 무수(無修)유가의 순서로 나가게 된다. 전일유가는 전주(全住) 대수인이라고도 칭해지며, 명체(明體)를 얻는 것을 중시하고 있다. 리희유가는 '희론'으로부터 떨어져 있다는 의미이다. 이는 '희론'이란 주관과 객관을 분류하는 분별심을 나타낸다. 그러한 분별이 사라질 때 오직 한 가지 이벤트로써 세상을 체험하게 되며 이를 일미유가라고 한다. 마지막으로 무수유가는 더 이상 수행을 하지 않음으로써 수행을 하는 무수지수(無修之修)를 나타낸다.

그중에서 무수유가는 광명 대수인이라고 해서 별도로 전승되기도 한다. 광명 대수인의 경우 중국의 마하연 선사가 전한 선종의 수행법이라고 알려져 있으며 그에 대한 연구 결과들이 많이 나오고 있다. 마지막으로 전일, 리희, 일미, 무수의 사유가행으로 이루어진 실주 대수인법의 가장 큰 특징은 관정을 중시하지 않는다는 것이다.

2) 공락 대수인(空樂 大手印)

대수인 안에는 단편적으로 나로빠 육성취법이 포함되어 있는데, 졸화로 시작해 광명에 이르는 방식으로 구성되어 있다. 앞서 언급한 실주 대수인이 심리적인 것을 방편으로 했다면 공락 대수인은 생리적인 것을 방편으로 한다. 그렇기에 생리적인 변화를 직접적으로 일으키는 방법이 포함되어 있다.

이와 같이 공략 대수인은 크게 2가지로 분류되어 전해진다. 첫 번째는 졸화, 환신, 몽경, 광명, 중음, 전식으로 구성된 나로빠 육성취법이 있다. 두 번째는 정적신차제, 정적어차제, 정적심차제, 자가지차제, 정광명차제, 쌍입차제로 구성된 비밀집회 육성취법이 있다. 여기서 나로빠 육성취법은 지혜의 봉인(상징적 성적 방편)을 사용한다. 그리고 비밀집회 육성취법은 실체의 봉인(실질직 성적 방편)을 사용한다. 지혜의 봉인을 사용하는 나로빠 육성취법은 관정 없이 수행 실천이 가능하다. 백교의 수행 체계 자체가 비교적 관정을 크게 중시하지 않기 때문이기도 하다. 하지만 실체의 봉인을 사용하는 비밀집회 육성취법은 관정을 권장하고 있다. 이는 백교보다는 황교의 수행법에 더욱 가까운 내용이다.

3) 광명 대수인(光明 大手印)

광명 대수인법은 실주 대수인법 중에서 무수 대수인을 더욱 발전시킨 것이다. 그렇기에 선종과 유사성이 많이 발견되며 최상승의 근기만이 배울 수 있는 불이계 탄트라로 분류된다. 하근기자들은 실주 대수인법의 전일유가와 리희유가와 일미유가를 행한 후에 공략 대수인법의 나로빠 육성취법이나 비밀집회 육성취법을 행한 후에 광명 대수인을 행하게 된다. 물론 중근기자라면 바로 공락 대수인법으로 시작해서 광명 대수인으로 나가며, 상근기자는 즉시로 깨달음을 얻는 돈법으로 광명 대수인을 행하게 된다.

이러한 대수인은 수행하는 순서와 단계에 따라 근대수인(根大手印), 도대수인(道大手印), 과대수인(果大手印)으로 전해진다. 근대수인(根大手印)은 대수인의 근본을 나타낸다. 일체중생은 부처님과 같이 본성이 맑고 깨끗하지만 무명이 일어나 전도된 것일 뿐이라고 본다. 이러한 근본 대수인은 수행자로 하여금 분별을 떠나 중도묘의를 깨닫게 한다. 도대수인(道大手印)은 스승을 믿고 따르며 법을 듣고 도리에 맞게 사유해 바른 지견을 내어 수행하는 것을 나타낸다. 이때 교학 지식에 의지해 마음을 밝혀 집착을 떠나서 본성을 보는 견문(見門), 산란함을 없애고 번뇌와 탐진치만의에 의해 어지럽지 않도록 하는 수문(修門), 일체의 행위가 일체중생의 이익을 위한 것으로 신구의 삼업이 법에 맞춰 행해지는 행문(行門)으로 구성된다. 과대수인(果大手印)은 견문, 수문, 행문의 모든 차제를 거쳐 모든 장애를 벗어나 구경을 통달하여 과(果)가 근(根) 위에 있고, 법보화 삼신과 오지(五智)를 갖추어 모든 것을 증득함을 나타낸다.

여기서는 실주 대수인(實住 大手印)을 기본으로 해서 무수유가에 이르고 그를 통해 광명 대수인(光明 大手印)으로 나아가는 길을 전하고자 한다. 그리고 광명 대수인은 중국 선종의 가르침을 중심으로 설명할 예정이다. 참고로 공락 대수인 중에서 나로빠 육성취법은 전작인 【유가심인 티벳밀교 육성취법】을 참조하면 되고, 비밀집회 육성취법에 대해서는 간략하게만 설명하고 실체의 봉인을 다루는 것과 관련된 서적 중 하나로 티벳 욕경을 번역해 소개하도록 하겠다.

(3) 나로빠 육성취법과의 관계

백교 전승은 나로빠 육성취법을 수행한 뒤에 대수인으로 넘어가는 방식을 가장 많이 따른다. 이때는 대수인의 다섯 가지 원만한 길이라고 하여 '발보리심, 본존유가, 상사유가, 대수인선정, 회향공덕'을 거친 후 육성취법으로 나가게 된다. 이때 가장 중요한 것은 대수인선정이다. 나머지는 종교적인 상징을 통해 사량식을 정화하도록 하는 길이며 그 결과는 선정으로 드러나기 때문이다. 그런 후에야 육성취법을 원만히 성취할 수 있다.

이러한 길에서는 다음 단계로 실주 대수인이나 광명 대수인으로 넘어가게 된다. 물론 육성취법을 모두 성취하지 않아도 곧바로 대수인을 실천하는 길도 있다. 그 길에서의 대수인에는 육성취법의 공부가 일부

포함되어 있다. 전일 대수인에 들어가기 이전에 우선 졸화를 성취하는 방식으로 구성된 것도 그에 해당된다. 이렇게 대수인을 위한 육성취법의 개별 요소와 함께 구성된 것을 공략 대수인이라 한다. 그렇기에 공략 대수인은 나로빠 육성취법과 관련이 매우 깊다.

공략 대수인은 가장 처음 육성취법의 졸화와 광명을 성취하고, 그 뒤에 실주 대수인으로 들어가는 방법으로 구성되는 경우가 가장 많다. 실주 대수인에서는 첫 단계인 전일 혹은 전주를 시작하기 전 명체(明體)를 얻는 것을 중요하게 여기는데, 졸화와 광명을 거치면 비교적 쉽고 빠르게 명체를 얻을 수 있게 된다. 이는 실주 대수인의 성취를 원만하게 해주기 때문에 빠르고 순한 길이 된다. 이렇게 실주 대수인을 실천하여 무수유가, 즉 무수 대수인에 이르면 그를 통해 광명 대수인으로 들어갈 수 있다. 이는 하근기자 역시 광명 대수인에 들어갈 수 있는 방법이기도 하다. 이와 같이 육성취법 중 광명을 성취하고, 실주 대수인의 무수 대수인을 한 뒤에 광명 대수인으로 들어가는 것이 성취를 하는 데 있어 가장 빠른 길로 알려져 있다.

3.
실주
대수인법

　실주 대수인은 사유가행으로 이루어져 있다. 이는 쉽게 표현해 4단계 행법으로 이루어진 것으로 보면 된다.

　첫 번째 단계인 전일(專一)이란 사마타와 같은 행법이다. 일반적으로 수식관을 통한 선정삼매로 심월륜을 얻어 성취하기도 하지만 나로빠 육성취법이나 비밀집회와 같은 성적인 방편으로 성취를 할 수도 있다. 본래 명체가 현현하는 단계로 스승의 인도로 그를 직시하고 네 가지 경상을 얻거나 법견지(法身見)를 통해 얻게 된 후 그를 점차 깊게 하는 것이 리희와 일미로 나가는 길이며 그를 통해 종국에는 무수에 이른다. 하지만 그에 대한 얻음이 쉽지 않기에 선정삼매를 통한 심월륜을 증득해 나아가는 경우가 많다.

　두 번째 단계인 리희(離戱)란 생각을 없애는 것으로 희론으로부터 벗어난다는 것을 의미한다. 실제 전일이 이루어지면 비상하게 강력해진 미세한 의식으로 생각이 거칠게 보이게 된다. 그렇기에 인지되는 생각을 삭제하고 소거할 수 있게 된다. 이것이 사마타와 위빠사나가 모두 행해져야 하는 이유이기도 하다.

이렇게 리희가 일어나면 세 번째 단계인 일미(一味)로 나가게 된다. 일미란 한 가지 맛을 나타낸다. 일반적으로 윤회와 열반이 하나이고 부처와 중생이 하나라는 것은 말로 할 때는 쉽지만 실제로는 크게 세 가지 불이(不二)를 나타낸다. 물아일체의 불이, 만유제동의 불이, 천인합일의 불이가 그것이다. 물아일체의 불이란 나와 세상이 하나임을 말하는 불이이며 이는 동체대비로 세상을 나만큼 사랑하는 것이다. 만유제동의 불이란 나와 세상만이 아니라 세상 만물과 삼라만상이 서로를 되비추며 원인이자 결과로 일어날 뿐임을 아는 것이다. 천인합일의 불이란 이렇게 얻은 물아일체와 만유제동의 불이와 우리가 지금 현재 체험하는 이 세상이 하나임을 말하는 것이다.

마지막으로 무수(無修)란 수행함이 없는 것으로 수행을 하지 않은 자는 즉시로 깨달아서 부처가 된다는 경지를 말한다. 즉 살아서 펄펄 뛰는 간단없는 생생함의 이 세상에 뛰어들어 생생활활하게 이 세상 속에서 살아가는 것을 나타낸다.

대수인에서는 명체를 중시하는데, 이는 본연, 체성, 본래면목, 광명을 나타내며 사유가는 이러한 명체의 체와 용으로 그를 밝히고 묘용을 일으키는 것이며 이는 돈법과 상통하는 부분이 있다. 이러한 명체의 네 가지 조건을 갖추게 되는데 '명상, 무념, 능소(분별), 기(氣)의 출입'이 그것이다. 명상은 선정 중 팔방이 이로 가득 차서 구름 없는 청공을 보는 것으로 비유한다. 무념은 심지가 평정해지며 탐진치만의 다섯 독이 소멸하고 분별이 사라지며 삼라만상을 집착 없이 그대로 바라봄을 나타낸다. 능소는 일상 속에서도 삼라만상의 헤아림이 있는 그대로 밝아지며 고요함과 활발함 이완과 긴장이 자유로우며 청정하게 바라봄을 나타낸다. 기의 들고 남을 떠난다 함은 기가 완전히 멈추어 나가거나 들어오거나 머물지 않음을 나타낸다.

이는 일상 중에서도 찰나의 순간이지만 경험하게 된다. 어릴 때, 취했을 때, 기절했을 때, 크게 놀랐을 때, 잠잘 때, 하품하거나 재채기할 때, 죽음의 순간 등등 자연히 나타난다. 하지만 매우 짧은 찰나의 순간이기에 충분한 수행력을 갖추지 못한 행자는 그를 파악할 힘이 없으므로 알지 못하게 된다. 하지만 스승의 도움으로 이러한 현상을 이용해 제자가 명체를 인식하도록 인도해주는 경우도 있으나 매 시기와 상황에 따라 선기에 맞추어 그를 행하기에 일반적인 방법론으로 보기란 힘들며 오히려 이는 돈법과 유관한 부분이 있다.

이와 같이 명체를 보는 것이 중요하지만 그를 보지 못하는 이들이 대다수이다. 앞서 이야기했지만 실제 이러한 명체는 스승이 제자의 근기를 고려해 선기를 잡아 전해줘야 하므로 전하는 것이 쉽지 않은 부분이 있다. 그렇기에 또 다른 방편으로서 법신견에 따른 수행법이 나온다. 일반적으로 대수인의 전행은 '대예배, 발보리심, 금강살타법, 만다라공양, 상사상응법, 시신법'으로 이루어진 육가행의 가르침을 많이 따르며, 발보리심과 시신법을 제외한 나머지 사가행의 가르침을 따르기도 한다. 하지만 이것으로는 명체를 보기 어렵다. 그렇기에 명체의 네 가지 조건을 이해한 뒤 법신견을 얻어 그 견해에 의지해 그를 점점 확립시키고 밝히는 사유가를 행하는 길을 따르게 된다.

법신견(法身見)에서 법신(法身)이란 법, 보, 화신을 포괄하는 원만삼신(圓滿三身)의 법신을 나타낸다. 견(見)이란 어떤 체계에 대한 올바른 견해를 뜻하는 것으로 이는 견지를 갖추는 것을 나타낸다. 그렇기에 법신견은 무상유식, 중관과 화엄의 가르침을 기반으로 바른 견해를 갖추는 것을 나타내며, 이는 교학에 대한 스승의 가르침이나 고덕의 전기, 선문의 공안 등을 참고하여 갖추어 나가게 된다. 초반에 무상심인에 대해 설명하기 위해 불교 교리의 발전 흐름에 대해 포괄적으로 알아봤는데 그 역시 법신견을 갖추기 위함이기도 하다. 이렇게 수행자는 견해를 얻은 후에야 그에 따른 상을 얻게 되며 징후가 나타나게 된다. 대수인에서는 그와 함께 다섯 가지 근접가행을 실천하여 명체를 보게 인도한다.

여기서 다섯 가지 근접가행이란 '추격삼요인(推擊三要印), 융합삼공인(融合三空印), 광야진시인(曠野陳尸印), 토기리심인(吐氣離心印), 졸연돈주인(猝然頓住印)'을 나타낸다. 추격삼요인은 일상의 낮 시간에 정좌를 하거나 잠시 머물 때 허공에 집중하여 명체가 일어나기 좋은 환경을 만드는 세 가지 방법이며, 융합삼공인은 심인을 다루는 방법이며, 광야진시인은 밤 시간에 깊은 숙면에 이르는 기전을 활용한 방법이며, 토기리심인은 호흡을 통한 방법이며, 졸연돈주인은 일상 속의 찰나의 순간 법신견에 의해 명체가 일어나는 순간을 잡는 방법이다.

추격삼요인은 마음을 눈에 두고 눈은 허공에 두는 것을 나타낸다. 이때 일어나는 현상과 지침은 다시 견(見), 정(定), 행(行), 과(果)로 분류되어 설명된다. 견(見)이란 견지를 보는 것으로 지법(止法)도 관법(觀法)도 아니며 마음이 안정되어 자재한 것을 잘 아는 것을 나타낸다. 이 부분은 광명대수인에서 우필차를 설명하면서 다시 표현된다. 정(定)이란 밝음이 스스로 드러나 머물게 되는 것을 나타내며 이때 어떠한 조작도 가하지 않은 전일한 상태를 나타낸다. 자연스럽게 그 순간 희론에서 벗어나 리희를 성취하게 된다. 행(行)이란 일상에서 무엇을 하든 모두 그 안에서 밝은 허공이 스스로를 드러내며 이는 모두 명체가 스스로 드러난 것임을 알게 된다. 마지막으로 그렇게 고요한 조화를 이루는 묘용이 저절로 일어남이 과(果)에 대한 것으로 이는 일미를 성취한 것에 해당되며 그로써 무수로 나아가게 된다.

융합삼공인은 밖으로는 구름 한 점 없는 청량한 허공을 바라봄과 같고, 안으로는 마음과 그 자리를 관함이 맑은 허공과 같으며, 눈은 허공의 공적함을 응시함과 같으며, 그와 함께 인연도 없고 닦음도 없으며 오직 산란하지 않고, 정신을 모으며, 밝게 빛나고 맑고 투명함에 머무는 것을 나타낸다. 이렇게 구름 한 점 없는 맑은 하늘을 관하는 것으로 밝음이 일어나는 것이 하나의 인(印)이 된다. 밖에 일어나는 것은 상(相)이 되며 그로 인해 안에 일어나는 것은 용(用)이 되어 이것이 단지 연기에 따른 식의 전변임을 알게 된다. 외부의 상은 비유가 되며 그를 통해 내부에 일어난 식의 전변은 사량이라는 것을 알게 되므로, 오직 맑은 하늘을 관하여 밝음이 스스로 일어나는 길로 나아가게 된다.

광야진시인은 무릎 뒤쪽 오금에 베개를 고이고 손은 금강권을 지어 몸 옆에 가볍게 두며 자신의 몸에 맞는 베개를 베어 머리와 뇌가 서로 평평하게 하여 심신을 편안하게 하는 것으로 시작한다. 이는 죽은 시체가 광야에 놓여있는 것처럼 하며, 마음은 분별을 떠나 명체와 결합하여 구름 없는 맑은 하늘처럼 하는 것을 나타낸다. 이는 광명에 이르는 가장 빠른 방법 중 하나로 알려져 있다.

토기리심인은 호흡을 챙기는 것으로 시작한다. 그와 함께 숨을 들이쉬며 마음도 함께 가고, 숨을 길게 내쉬면서 마음이 숨과 함께 자신의 몸을 떠나 법성(法性)에 들어가 그에 머무는 것을 나타낸다.

졸연돈주인은 법신견의 정념으로 단박에 앉아 돌연히 머무는 것을 나타낸다. 이는 대수인의 근접가행이라는 것을 행한다는 의도도 없고 그것을 관하지도 않으며 아무것도 하지 않는 것이라는 의심도 없다.

다만 그 순간 경쾌하고 밝고 맑은 가운데 머무는 것이다. 마음속에 떠오르는 무수한 잡념을 따라가지도 않고 억누르지도 않으며 그 모든 것이 명체에서 나와 다시 명체로 돌아감을 알게 된다. 모든 것이 연기와 같이 잠시 일어났다 사라지는 것임을 알기에 애쓰지 않고 한순간 그렇게 그 순간에 일어나는 밝고 맑은 가운데 머무는 것이다.

이상이 법신견을 기반으로 행하는 다섯 가지 근접가행이다. 이를 오인(五印)이라고도 칭한다. 하지만 이 역시 각각의 수행자가 처한 시기 상황에 맞춰 그를 표현하고 설명하여 전해야 하는 부분이 있기에 이에 대한 설명만으로 명체를 보는 것은 쉽지 않다. 그렇기에 선정삼매에 의한 길이 제시된다. 사선정에 이르면 탐진치만의가 사라지며 명체가 스스로를 드러내기 때문이다. 그러므로 여기서는 그를 기반으로 사유가행을 소개하고자 한다.

어떤 수행 방편을 통해서건 초선정에 이르면 심월륜이 나타나고 전일 대수인이 가능해진다. 여기서는 우선 대수인의 전행으로써 행하는 금강살타 관상법을 소개하고자 한다. 하지만 이는 하나의 방편일 뿐이니 광명 대수인에서 소개할 사띠의 점법 수행이나 다른 방편을 참조해도 된다. 여기서 소개할 금강살타 관상법은 금강살타의 가피를 얻는 방법 중 하나이다. 그를 통해 신심을 일으키고 타력에 의한 마음을 놓아줄 수 있는 길이 되며, 그로써 내부표상을 일으키는 사량식이 정화되며 집착이 풀어져 가게 된다. 이는 관법이지만 관상의 대상에 집중

몰입하는 것이기도 하다. 그렇기에 그 과정에서 심월륜이 일어나므로 이로써 심월륜을 성취하고 전일 대수인을 실천 할 수 있게 된다.

(1) 대수인 전행

대수인의 전행은 금강살타의 가피를 얻는 것으로 시작한다. 이는 본래 사가행(四加行)으로 이루어지며, 사가행은 다시 사공가행(四共加行)과 사불공가행(四不共加行)으로 이루어진다.

사공가행(四共加行)은 불법에 귀의하기 위해 마음에서부터 일으키는 4가지 사유에 해당된다. 사람으로 태어나기 어려움을 이해하며 이번 생에 수행을 할 수 있다는 것이 얼마나 다행인지에 대한 내용, 생명의 무상, 즉 죽음의 덧없음에 대한 내용, 업은 인과의 결과물, 윤회의 고통을 떠올리는 것으로서 수행에 전념할 수 있도록 마음가짐을 갖추게 하는 내용이다. 이는 종파를 떠나 앞서 4가지 공통적인 불법에 귀의하는 사유를 나타낸다.

다음으로 사불공가행(四不共加行)은 귀의대예배, 금강살타 관상법, 만다라 공양, 상사상응법(구루요가)으로 구성이 되어 있다. 이는 종파에 따라 법맥이 다르기에 각 종파마다 세부 내용이 달라진다. 그렇기에 4가지 공통적이지 않은 예비수행으로 칭해진다. 사불공가행의 핵심은 불보살과 스승에 대한 귀의가 기본이 된다. 이때 오체투지를 올리며 해당 종파의 법수와 관련된 불, 보살, 명왕 및 조사들로 구성된 만다라를 관상한다. 그렇기 때문에 종파마다 그 구성이 조금씩 다르다. 그 후 금강살타 관상으로 자신의 업을 정화하고 가피를 받아 안팎으로 발생하는 수행의 장애를 소멸시킨다. 만다라 공양은 부족한 공덕을 쌓기 위한 개인 공양의식으로, 실제 수미산을 관상해 그곳에 곡물과 칠보를 쌓아 올려 공양하는 것을 관상하며 진언을 염송하며 공양을 올리는 방식이다. 마지막으로 상사상응법은 구루요가라 하여 각 종파에 따라 역대 조사로부터 전승되어 내려오는 법맥을 하나하나 관상하며 최종적으로 나 자신에게 이어지며 그렇게 조사들에게 가피를 받는 것을 관상하는 방법이다. 대수인의 전행에서는 결가부좌로 앉은 후 진언을 염송하며 자신의 머리 위 저 높은 곳에서부터 금강총지를 시작으로 그 아래 총카파와 나로빠를 거쳐 자신에게 법을 전해준 스승을 관상하며 법이 자신에게도 내려오는 것을 관상하게 된다. 이때 수행자는 자기 자신이 금강해모가 된 것으로 관상하게 된다. 이와 같이 사불공가행에서 귀의대예배와 상사상응법은 각 종파 및 전승 법수에 따라 달라진다. 금강살타 관상과 만다라 공양 역시 세부 내용이 조금 달라지나 귀의대예배와 상사상응법에 비해서는 상당 부분 일치한 형태로 전해진다.

일반적으로 사가행 수행이라고 하면 사불공가행을 말하는 경우가 많다. 사공가행은 기본 가르침이며 발심을 위한 것이므로 별도의 수행이라고 칭하지는 않는다. 하지만 사불공가행에서 행하는 관상은 불보살 및 역대 조사들에게 공양을 올리고 가피를 받는 관상과 진언, 수인으로 구성된 예배의식이자 관상수행법이기도 하다. 사불공가행에서 가장 중요한 것은 금강살타 관상법이 된다. 귀의대예배나 상사상응법은 불보살과 역대 조사로부터 법을 전해 받고 가피를 받는 종교적인 의식이다. 만다라 공양도 수미산을 그리고 불보살에게 공양을 올리는 의식이기에 이 역시 종교적인 의식 자체가 된다. 하지만 금강살타 관상법은 공양의식이 아닌 수행법에 해당된다. 진언을 염송하며 특정 관상을 행하면서 자기 자신을 정화하고 금강살타의 가피로 악업을 씻어내는 명상 수행법인 것이다. 그렇기에 대수인 전행으로 가장 중요한 것은 금강살타 관상법이 된다. 이를 통해 자신의 업을 정화하고 깊은 선정에 들어서면서 심월륜을 보는 것이 핵심이 된다.

일반적으로 알려진 사불공가행의 금강살타 관상법의 가장 특징은 백자명 진언이다. 백자명 진언만 염송하는 것이 아니라 다음과 같이 관상한 후 백자명 진언을 외우며 금강살타와 하나가 되는 과정을 거친다. 이때 백자명 진언을 백만 회 정도 염송하라고 전하고 있다.

1. 금강살타의 도상 앞에 정좌를 하고 앉는다.
2. 옴, 아, 훔의 종자가 금강저로 변한다. 이때 옴은 연꽃이 되며, 아는 월륜이 되며, 훔은 오고금강저가 된다.
3. 오고금강저가 변하여 금강살타가 된다.

4. 금강살타의 머리 위쪽에 아촉여래가 자리한다.
5. 금강살타의 정륜에는 '옴'이 자리하고 있으며, 후륜에는 '아'가 자리하며, 심륜에는 '훔'이 자리한다.
6. 심륜에는 연꽃이 피어있고 그 위에 월륜이 자리하고 있다.
7. 월륜의 중심에 훔이 있고, 그 주변으로 백자명진언이 시계방향으로 원을 그리며 자리하고 있으며 빛을 발하고 있다. 이 빛이 시방삼세의 불보살을 권청하게 된다.
8. 수행자의 정수리 위에 3번~7번까지 과정을 거쳐 완성된 금강살타가 자리한다.
9. 자신의 죄를 참회하고 금강살타와 하나가 됨을 관상한다.
10. 9번에서 삼밀을 맞추는데, 수행자의 정륜에 '옴'의 종자가 자리하며, 후륜에는 '아', 심륜에는 '훔'의 종자가 자리하는 것을 관상한다. 그와 함께 금강살타와 하나가 된다.
11. 정륜은 신밀(身密), 후륜은 구밀(口密), 심륜은 의밀(意密)이 되어 금강살타와 하나가 된 상태로 백자명 진언을 염송한다. 백자명진언은 다음과 같다.

OM VAJRASATTVA SAMAYA (옴 벤쟈르사또 사마야)

MANUPALAYA (마누빠라야)

VAJRASATTVA TENOPA (벤쟈르사또 띠노빠)

TISHTHA DRIDHO ME BHAWA (띠따 띠토호 메 바와)

SUTOKHAYO ME BHAWA (수토카요 메 바와)

SUPOKHAYO ME BHAWA (수포카요 메 바와)

ANURAKTO ME BHAWA (아누락토 메 바와)

SARWA SIDDHI ME PRAYACCHA (사르와 싯띠 메 자야챠)

SARWA KARMA SU TSA ME (사르와 까르마 수 쟈 메)

TSITTAM SHREYANG KURU HUNG (찌땀 씨리얌 꾸루 훙)

HA HA HA HA HO (하하 하하 호)

BHAGAWAN SARWA TATHAGATA (바가완 사르와 따타가타)

VAJRA MA ME MUNCA (벤자르 마 메 문자)

VAJRI BHAWA (벤즈 바와)

MAHA SAMAYASATTVA AH (마하 쌈마야 싸또 아)

12. 백자명진언을 염송하며 충분히 그 흐름에 들어간다. 진언을 사띠 하는 것이라고 보면 된다. 만일 백자명진언이 너무 길어 외우기 힘들다면 금강살타의 심주(心呪)를 외워도 된다.

OM VAJRASATTVA HUNG (옴 벤쟈르사또 훙)

이와 같이 금강살타 관상을 하며 백자명진언을 염송하고, 그러한 진언의 발성과 금강살타의 모습을 보며 마음챙김을 하는 것이다. 지관법문에서 다루겠지만 진언 발성의 소리는 계연지가 되며 진언 발성과 함께 금강살타와 하나가 되는 것은 제심지로 연결된다. 이로써 계연지의 실관과 제심지의 득혜관이 갖추어지게 된다. 그리고 제심지가 이루어지면 천천히 입정 상태로 들어가게 된다. 그때 눈앞에 월륜이 펼쳐지게 된다. 본래 백자명진언이 심륜을 중심으로 울려 퍼지다가 모든 진언이 심륜 중앙의 '훔'자로 귀결되며 '훔'자 역시 다시 빛의 명점으로 화하게 되는 것을 관상하는 부분이 있다. 하지만 이는 관상이 아니라 진언 염송을 사띠하다 보면 서서히 선정에 들게 되면서 모든 것이 사라짐과 동시에 눈앞에 빛이 나오게 되는데 이를 관상으로 표현한 것이다. 그리고 이 빛이 심월륜이며 전일 대수인으로 넘어갈 수 있는 기반이 된다.

또는 다음의 관상법을 행해도 되고 관상법과 백자명 진언이나 신주를 결합해도 된다.

머리 위에 금강살타를 상상한다.

금강살타로부터 행자가 정화를 받는다.

3. 실주 대수인법 | 81

금강살타로부터 행자가 있는 장소인 도량이 정화를 받는다.

금강살타의 위신력으로 행자가 보호를 받는다.

오방 오불을 관상한다.

(2) 전일(專一) 대수인

전행을 마쳤으면 실주 대수인의 사유가행을 본격적으로 실천할 수 있게 된다. 전일 대수인은 심월륜이 기본이 된다. 심월륜은 삼매가 깊어지면서 선정에 이르러서 나타난다. 좀 더 정확히는 근접삼매에서 심월륜이 나타나며 초선정으로 들어가게 된다. 앞서의 전행을 통해서 월륜을 마음에 그릴 수 있으면 월륜의 빛을 대상으로 마음을 모으는 것으로 시작한다.

전일 대수인이란 무명 등의 일체 망념, 혼침, 산란 등을 하나의 빛나는 심월륜으로 회귀하도록 하여 심월륜과 마음이 화합하여 하나가 되는 것을 말한다. 전일 대수인을 수행하는 중에 근접가행으로 소개한 오인(五印)을 활용하는 것도 좋은 방법이다. 이때 중요한 것은 법신견을 통해 마음을 지키고 머물러야 하며 가장 좋은 것은 일정 기간 동안 폐관하여 전일하게 닦는 것이다. 하지만 일상에서 이를 행하기 힘들기 때문에 선정삼매를 통한 심월륜을 활용하는 것을 소개하는 것이다.

전일 대수인에는 삼단계가 있다.

첫 번째 단계로 심월륜을 이미 얻었지만 심월륜이 장시간 나타나고 머물지 못하며 무명 등의 번뇌에 뒤엉키는 것이 마치 거친 물살이 흐르는 것과 같은 상태이다. 이때는 그것들을 심월륜의 큰 바다와 같은 내면 심상으로 몰아넣어야 한다. 가볍게 바라보는 기분으로 심월륜에 넣어야지 억제하거나 바꾸려고 해서는 안 된다.

두 번째 단계는 심월륜이 스스로 나타나고 머무는 시간이 비교적 길고 무명 등의 번뇌가 점차 감소하여 마치 물의 흐름이 완만하여 평지에서 흐르는 것과 같은 상태이다. 이때는 심월륜으로 하여금 스스로 머무는 힘을 더욱 강하게 이어 가도록 한다. 이때는 거친 물살의 흐름과 같이 요동치는 힘이 약해졌다고 기뻐하지 말고 고요히 심월륜을 지켜야 한다. 하지만 이를 지키기 위해 무언가를 하려고 생각하지 않는 것도 중요하다. 왜냐하면 그러한 것들도 실제로는 무명의 번뇌가 거칠게 일어나는 것으로 심월륜을 지키지 못하는 것이 되기 때문이다.

세 번째 단계는 물결이 일어나지 않아 큰 바다가 평평하고 고요한 것과 같아서 심월륜이 맑고 깨끗해서 일여(一如)하며 전일한 경계에 들어가는 상태를 나타낸다. 이렇게 머무는 중에는 주체와 객체가 없으므로 '유가'라고 한다. 또한 이 단계는 자모광명(子母光明)이 합한 경지이기도 하다.

이러한 과정에서 자연스럽게 기의 흐름이 멈추게 된다. 첫 번째로 외기가 멈추는 것은 행온(行蘊)의 흐름이 신식(神識) 안에 흘러드는 것을 말한다. 두 번째로 내기가 멈추는 것은 마음이 분별을 떠나 무엇을 지킨다는 규정과 개념이 없는 것을 나타낸다. 이를 통해 심월륜이 더욱 부드럽고 완만하게 유지가 되며 그를 보는 주체와 심월륜이라는 객체도 없게 되며, 그 순간 심월륜 속으로 들어가 그 흐름과 하나가 되어 머물 수 있게 된다. 이를 통해 수행자는 리희 대수인을 행할 수 있게 되며 그 성취에서 수행자의 기, 맥, 명점은 다음과 같은 특징을 가지게 된다.

'맥이 전일'한 것은 선정인을 맺은 양손의 좌우를 분별할 수 없고, 양다리 또한 좌우를 분별할 수 없으며, 몸의 움직임과 기척이 아주 미세하여 완만하게 움직이게 된다.

'기가 전일'한 것은 내적인 기의 흐름이 멈춰서 중맥에 집중되는 것으로 최소한 제륜(臍輪:회음 부위)이 움직이지 않고 고요하게 된다.

'명점이 전일'한 것은 왜곡됨 없는 큰 둥근 공이 안팎이 빛나고 투명하여 수정과 같고 이것을 유일 명점이라 한다. 이는 심월륜과 그를 바라보는 대상이 하나가 된 상태로 의식이 맑아짐을 나타낸다.

수행자가 전일 대수인의 초기에 들어갈 때는 외부에서 인식되는 모든 삼라만상이 내적인 심상으로 모이며 심월륜과 하나가 됨을 느끼게 된다. 이렇게 모이는 것은 외기가 멈춘 후 완성된다. 이때 그를 인식하는 마음은 모을 수 있는 것이 아니며 오르지 명점이 스스로 끌어들이게 된다. 이때 모든 것이 심월륜으로 회귀하며 다시 흩어져 허공과 같이 되는데 이것이 본래 명체가 회복됨을 나타낸다.

(3) 리희 대수인

전일 대수인을 성취하면 의식이 사라지며 사량식을 인식하게 된다. 이러한 사량식은 그 내부에 어떤 식의 전변에 의한 작용들이 특정 구조로 조합된 상태를 나타낸다. 이를 인식하게 되는 순간 그는 풀어지며 더 이상 옳고 그름과 좋고 나쁨에 대한 분별이 사라지게 되며 오직 식의 전변만이 있을 뿐이라는 것을 체험하게 된다. 그리고 심월륜 속에 들어가 모든 것이 전일해져 미묘한 집착이 풀어져 나가면 점차 사량식이 더욱 깊은 수준으로 정화되어 나가게 된다. 이는 매우 미묘한 수준에서 일어나게 된다.

이때 심월륜은 다양한 색으로 인지되기도 한다. 하지만 이러한 빛깔 역시 희론이며 이 상태가 얼마나 머물게 되느냐 역시 희론에 해당된다. 이러한 관찰과 그로 향하고자 하는 마음이나 유지하고자 하는 마음 역시 모두 희론에서 나온다. 리희란 그러한 희론에서부터 벗어남을 의미한다. 그렇기에 그저 심월륜이 나를 끌어들여 그 상태에 머물게 될 뿐이다. 이는 이선정에 이르게 됨을 나타낸다.

선정은 탐(貪), 진(嗔), 치(恥), 만(慢), 의(疑)라는 오독(五毒)을 없애야 이루어지며 각각의 독이 사라질 때마다 그에 상응하는 깊은 선정에 들어갈 수 있게 된다. 그리고 대수인은 그러한 오독을 없애는 길이 되며, 이러한 오독이 사라질 때 각(覺), 관(觀), 희(喜), 락(樂), 일심(一心)이 일어나게 된다.

탐(貪)이란 나에게 없는 것인데 있기를 바라는 마음이다. 진(嗔)이란 내가 가지고 있는 것인데 없기를 바라는 마음이다. 치(恥)란 외면하고 멍해지는 마음이다. 만(慢)이란 내가 예측하고 통제하는 순간에는 기뻐하다가 예측되지 않고 통제할 수 없는 상황이 되면 죄책감과 불안감에 사로잡히는 양극성의 마음이다. 의(疑)란 현재 상태를 불안해하고 의심하는 마음이다. 이러한 마음이 사라질 때 각각의 탐, 진, 치, 만, 의는 각, 관, 희, 락, 일심으로 변화하게 된다.

각(覺)이란 방편 삼은 대상을 향하는 마음이다. 관(觀)이란 방편 삼은 대상을 유지하고자 하는 마음이다. 희(喜)란 방편 삼은 대상을 좋아하는 마음이다. 락(樂)이란 방편 삼은 대상에 만족하는 마음이다. 일심(一心)이란 방편 삼은 대상과 하나가 되는 마음이다.

그렇기에 심월륜이 일어난다는 것은 각(覺)이 일어남을 나타내며 이것이 초선정에 해당된다. 이때서야 전일 대수인이 이루어지게 된다. 다음으로 이러한 심월륜을 유지하고자 하는 마음에 의해 관찰하려 하거나 대상으로 삼아 주객을 분별하게 됨은 희론에 해당되기에 이러한 희론에서 벗어나는 리희 대수인은 관(觀)이 일어났을 때 이루어지게 된다. 그 이후에 일미 대수인으로 넘어가게 되는데, 이 역시 희(喜)가 사라지면서 오직 락(樂)이라는 만족하는 마음만 남게 되었을 때 일미 대수인이 이루어지게 된다.

(4) 일미 대수인

 리희 대수인에서 탐(貪), 진(嗔), 치(恥), 만(慢), 의(疑)라는 오독(五毒)이 사라지면서 심월륜이 일어나게 되고 그를 통해 자연스럽게 각(覺), 관(觀), 희(喜), 락(樂), 일심(一心)이 나타나며, 이로써 사선정을 성취한다고 하였다. 그리고 리희 대수인에서 각(覺)과 관(觀)이 사라지면서 희(喜), 락(樂), 일심(一心)만이 남게 되며 이선정에 든다고 하였다. 여기서 한발 더 나아가 희(喜)가 사라지면서 락(樂)과 일심(一心)만이 남게 되면 삼선정에 들게 되며 일미 대수인으로 넘어가게 된다.

 락(樂)은 만족하는 마음이며, 일심(一心)은 대상과 내가 완전히 하나가 되는 마음을 나타낸다. 일미 대수인에서는 만족함만이 남게 되어 이때서야 무언가를 하려 하지 않고 그저 놓아둘 수 있게 된다. 놓아줌은 사(捨)로써 표현된다. 이는 집착에서 벗어나 그저 천지자연에 순응하여 삼라만상에 그저 풀어주는 것을 나타낸다. 이는 오독(五毒) 중 치(恥)와 같이 외면하고 회피하기 위해 방치시키는 것과 다르다. 모든 것에 깨어있어 조심하면서도 동시에 어떠한 두려움도 없기에 용맹하게 행동하며, 모든 집착이 사라지기에 허공의 바람처럼 있게 되고, 어떠한 것에도 의지하지 않기에 허공처럼 행동함과 같다. 여기에 이르러서야 만족함에 대한 것도 놓아줄 수 있게 되며 오르지 대상과 하나가 되는 일심(一心)에 들게 되며 사선정을 성취하게 된다. 그리고 이는 무수 대수인으로 나아가게 해준다.

(5) 무수 대수인

일미 대수인에서 사선정을 성취하여 일심(一心)에 이르게 된다. 그리고 이는 사(捨)로 표현되는 놓아줌을 이루고 남과 동시에 성취하게 된다. 무수 대수인은 어떠한 닦음도 없기에 무수(無修)라고 하는 것이다. 이때는 무엇을 가지고 무엇을 버린다는 분별과 그에 따른 사유도 없으며, 그저 삼라만상 자체와 하나가 되어 모든 것을 놓아주고 그러한 세상이라는 거대한 흐름이 잠시 일으키고 사라지게 하는 연기적인 흐름에 맞춰 조화를 이루며 나아갈 뿐이다.

이를 닦음 없는 닦음으로 표현하며 행함을 닦으려 하지 않으려는 순간 열반의 과를 증득하며 부처가 된다고 표현한 것이다. 이로써 과를 증득하면 가장 낮은 성취를 얻을 경우 임종의 순간 손발톱과 머리카락을 제외하고 모두 지혜의 광명을 이룬다고 하며, 중간의 성취를 얻을 경우 온몸이 변해서 광명이 된다고 하며, 가장 높은 성취를 얻을 경우 온몸이 무지갯빛으로 화해서 죽음의 모습이 나타나지 않는다고 하며, 그로써 칠채화신(七彩化身)을 이룬다고 한다.

4. 광명 대수인법

　불교의 수행법은 크게 점법(漸法)과 돈법(頓法)으로 구분되어 전해진다. 점법은 점차로 닦아 나가는 것이며 돈법은 단박에 이루어지는 것으로 표현한다. 점법의 경우 수행의 단계가 비교적 명료하다. 하지만 돈법은 무수한 불교 사상의 진의가 함축되어 있고 그를 이해해야 비로써 그 진의가 보이게 된다. 그에 대한 이해가 없다면 허무주의와 별다를 것이 없는 모습을 보이게 된다. 그렇기 때문에 점법과 돈법은 오랜 세월에 걸쳐 논쟁의 대상이 되어왔다. 또한 이는 현대에 점수(漸修)냐 돈오(頓悟)냐에 대한 논쟁으로까지 연결이 된다.

　이곳에서 다루는 광명 대수인은 돈법(頓法)에 해당되는 가르침으로 돈오(頓悟) 이후 점정상(漸淨相)으로 나아가는 길에 해당된다. 이에 대해 설명하기 위해서는 동산법문 혹은 달마선법으로 칭해지는 마하연 선사의 돈법에 대해 언급하지 않을 수 없다. 그렇기에 이곳에서는 점법이 무엇인지 살펴보고 그 이후에 돈법이 어떠한 과정을 거쳐 형성되었으며 이것이 대수인법과 어떻게 연결되는지 살펴보도록 하겠다.

(1) 삼예사원의 돈점논쟁

티벳에 불교가 자리 잡은 것은 7~8세기로 본다. 5세기 이후 소승과 대승이 함께 성행하였으나 7세기 정도부터 자리하며 8세기에 국교가 된 것으로 알려져 있다. 마하연 선사는 돈황에서 활동하며 대덕으로 칭해지는 명승이었다. 돈황 지역인 사주(沙州)는 781년 티벳에 의해 점령당하였고, 그 이후 786~787년 무렵 북종 신수(神秀)의 재전제자(再傳弟子)였던 마하연 선사는 티벳에 초빙되어 선종의 돈법을 펼치게 되었다. 이러한 선종의 돈법은 그 교세가 날로 성장하였고 왕비와 왕의 이모 및 귀부인 30여인이 출가하였고 그의 신도가 5천명 이상이었다고 한다. 당시 티벳에는 770년대 이래 파드마삼바바와 산타락시타가 티벳 불교의 초창기를 이끌며 그 법문이 상당한 영향력을 얻고 있었다.

파드마삼바바와 산타락시타로 부터 펼쳐진 가르침은 점법 중심이었고 마하연 선사의 가르침은 돈법 중심이었다. 마하연이 티벳에 들어오면서 짧은 기간 동안 그 세력이 매우 커졌으며 결국 인도의 점법을 따르던 세력들은 마하연이 주창한 선법은 부처님께서 설한 가르침이 아니며 그에 합당하지 않다고 하면서 비판 공격하였고 이를 금지할 것을 티벳의 왕에게 요청하였다고 한다. 이에 대해 인도의 점법을 따르던 이들은 돈법이 과연 부처님의 가르침에 합당한가에 대해 흑백을 가려야 함을 왕에게 청하였고, 왕과 마하연은 그에 응함으로써 792년 왕이 관여한 첫 번째 대론이 펼쳐지게 되었다. 물론 이는 티벳에 남겨진 기록이며 돈황에서 새로 발견된 돈오대승정리결에 의하면 인도 점법승들의 공격과 비판이 극심해지자 마하연 선사가 왕에게 이러한 대론의 자리를 마련해 주길 청하였다고 전하고 있다. 이렇게 시작된 것이 삼예사원의 돈점논쟁이다.

1차 대론에서 점법승들의 질문에 대해 마하연 선사의 경론에 의거한 자세한 답변으로 점법승들은 돈법에 패배하게 되었다. 그러자 점법승들은 왕 주변의 대신들을 움직이게 된다. 즉 정치적인 힘을 활용해 돈법에 대한 금지 조치를 내리게 하였다고 한다. 이에 격분한 돈법의 가르침을 따르던 이들 중 자살로 항의하는 이가 나왔고, 그 외 30인이 연이어 선종이 허용되지 않으면 환속하겠다고 하는 사건이 발생한다. 결국 이러한 거센 반발로 인해 입장이 곤란해진 점법을 따르던 세력과 왕의 주변은 금지령을 해체하였다고 돈오대승정리결에서는 전하고 있다.

하지만 돈황에서 돈오대승정리결과 같이 이러한 자료가 발굴되기 전까지 이는 조금 다른 형태로 알려지게 된다. 티벳에서는 돈법의 가르침을 펼치던 마하연 선사와 점법의 가르침을 펼치던 승려들이 대론을 거쳤다는 언급은 빼고 왕이 돈법을 금지시키자 돈법을 따르던 이들이 자살과 함께 거세게 항의해서 결국 돈법의 가르침을 따르고자 하는 이들은 따라도 된다고 윤허하였다고만 밝히고 있다. 그리고 그 이후에 인도에서 건너온 까말라씰라가 마하연 선사와 논쟁을 펼쳐 마하연 선사의 주장을 대파하였다고 전하는데 이것이 그 유명한 '삼예사원의 논쟁'에 대한 내용이다.

까말라쉴라는 산타락시타의 제자로 795년 인도에서 초빙되어 마하연과 대결을 하게 되었다. 삼예사 보리원에서 왕의 입회하에 논전이 펼쳐지게 되었고 기존 티벳의 자료에 의하면 이때 마하연 선사가 패배하고 중국으로 돌아가게 되었다고 전하고 있다. 하지만 돈황에서 발굴된 자료에 의하면 이때 1차 대론과 별다른 차이가 없이 마하연이 까밀라씰라의 주장을 논파하게 된 것으로 전하고 있다.

마하연 선사가 논쟁을 거쳐 돈법의 수승함을 밝혔음에도 불구하고 티벳에서 점법 중심의 가르침이 펼쳐진 것은 정치적인 이유 때문이었다. 통치자의 입장에서 볼 때 돈법은 우매한 티벳인들에게 적합하지 않았다는 것이었다. 티벳을 불교로 통치하고자 했던 왕의 입장에서는 돈법의 가르침은 난해하여 국민들이 이해하기 어렵고 따르기 어렵다고 판단한 것이다. 대체로 무지한 집단에게는 먼저 복덕행을 강조하여 신심을 키우는 것이 선행되어야 할 필요가 있다고 보았는데, 티벳의 당시 정황으로는 복덕행을 먼저 제시해야 할 필요가 있었다고 한다. 실제 돈법 역시 점법을 어느 정도 익히고 불교 전반의 지혜행도 터득한 바탕에서 이해되고 행해질 수 있는 것이었다. 처음 마하연 선사의 돈법 법문을 듣고 이를 따르게 된 이들은 상당히 수준 높은 귀족층이었기에 이러한 돈법의 가르침이 문제 될 일은 없었다. 하지만 이는 개인의 입장이었고, 통치의 도구로써 활용하고자 했던 티벳의 왕으로서는 점법이 좀 더 적합하다고 생각하게 된 것이다. 그렇기에 돈황에서 새롭게 발굴되는 자료를 바탕으로 해서 보면 이는 돈법과 점법의 우열을 가리거나 승자와 패자의 단어로 양자의 위상을 판별하기 위함이 아니었던 것이다. 그보다는 이러한 정치적인 부분이 더욱 컸던 것으로 보인다.

이와 같이 마하연 선사의 돈법에 대한 가르침은 돈점 논쟁 이후 논쟁에서 패해 사라진 것이 아니라 정치적인 관점에서 점법이 택해지게 된 것뿐이었다. 그렇기에 마하연 선사는 돈황으로 건너가 그 가르침을 후대에 남기게 되었고 돈오대승정리결도 그렇게 남겨진 마하연 선사의 가르침 중 하나에 해당된다. 그리고 이러한 돈법은 티벳의 무상유가에 그대로 남아 전해지게 되었다. 그에 대한 대표적인 전승이 까규파의 대수인법, 닝마파의 대원만법, 사카파의 도과법이다. 실제 12세기 사카파의 대학자 '사카 반디타(Sa-Skya Pandita)'는 '삼율의분별'에서 밀라레빠의 대수인은 마하연의 선법과 다름이 없다고 전하였다. 이는 대수인 법문에서도 그 내용이 보이는데 실제 대수인의 법문의 기초 수습과정인 생기차제는 점법에 해당하고, 무수 대수인, 항하 대수인, 금강 대수인 등은 돈법에 해당된다.

(2) 사띠의 점법 수행

점법과 돈법에 대한 논쟁이 있었고, 지금도 점수냐 돈오냐에 대한 논쟁이 있을 정도로 오랜 세월 논쟁의 대상이 되어왔다. 그러므로 광명 대수인에 대해 설명하기 이전에 우선 점법이 무엇이고 돈법이 무엇인지 알아보도록 하겠다. 정확히는 광명 대수인이 돈법 자체이므로 마하연선을 통해 광명 대수인에 대해 설명하고, 이번 장에서는 우선 점법이 무엇인지 차근차근 살펴보도록 하겠다.

점법이란 점수(漸修)라고도 하며 말 그대로 점점 닦아 나가는 것을 의미한다. 이러한 점법 수행의 시작은 사띠이다. 사띠란 마음챙김을 의미한다. 마음챙김을 위빠사나라고 하는 경우도 있지만 정확한 표현이 아니다. 사띠, 즉 마음챙김 자체가 지혜가 아니라 지혜를 얻기 위한 기능이 사띠인 것이다. 이러한 관점에서 보면 사마타 역시 선정이 아니라 사띠를 통한 몰입의 결과로 사마타가 일어나는 것으로 보면 된다. 즉 사띠를 통해 탐진치만의를 소멸시키고 각관희락일심이라는 삼매에 도달하는 것이 사마타(선정)이다. 그리고 사띠를 통해 고, 무상, 무아를 분석해서 공, 무표상, 원하는 바가 없음이라는 열반에 도달하는 것이 위빠사나(지혜)이다. 이때 사띠의 대상을 '상'으로 삼으면 사마타가 되며, '법'으로 삼으면 위빠사나가 된다. 여기서 '상'은 '개념'이며 '법'은 '존재'이다.

상 → 개념 → 사마타
법 → 존재 → 위빠사나

이러한 구조가 나오게 된다. 그렇기에 호흡을 마음으로 챙긴다고 한다면 이는 '호흡'이라는 '상'을 대상으로 하는 것이 된다. 호흡은 무수한 존재들의 결합이기 때문이며 그렇게 무수한 존재들의 결합을 하나의 개념으로 이해하는 것이 상이 되기 때문이다. 그렇기에 최종적으로는 니밋따라는 상을 통해 선정에 들어가는 것이 선정삼매의 길이다.

이러한 마음챙김은 남방불교에서 가장 많이 실천하며 아비담마에 대한 공부와 함께 그를 체험하기 위한 수행법으로 많이 차용하고 있다. 그렇기에 청정도론에서는 40가지 상을 명상의 대상으로 이야기하며 사띠를 행하는 방법을 전하고 있다.

1) 호흡 사띠 사선정

점법 수행의 시작은 사띠라고 하였다. 그렇기에 점법 수행에서는 우선 사띠의 힘을 길러야 한다. 이때 호흡을 사띠하는 것을 가장 권장한다. 하지만 실제 방법론상에서는 언어유도를 많이 사용한다. 언어유도는 다음과 같이 각 문장을 수행 시작 전에 스스로의 마음에 하는 것이다.

1. 과거와 미래의 생각 소거
: 나는 현재 순간을 알아차릴 것이다. 그리고 과거나 미래로 빠지지 않을 것이다.

2. 현재 상황 실황중계 소거

 : 나는 고요하게 현재 순간을 알아차릴 것이다. 그리고 내면의 말을 버릴 것이다.

3. 현재 호흡에만 몰입

 : 나는 현재 순간의 호흡을 알아차릴 것이다. 그리고 다른 모든 인식과 생각을 버릴 것이다.

4. 전체 호흡 과정에 몰입

 : 나는 연속적으로 전체 호흡을 알아차릴 것이다. 그리고 호흡 이외의 모든 것을 버릴 것이다.

이렇게 수행 시작 전에 스스로의 마음에 위와 같이 말을 하도록 한다. 그리고 호흡을 시작하는데 숨을 들이마실 때는 "고요"라고 말하며, 숨을 내쉴 때는 "평화"라고 말한다. 여기서 단어는 어떤 단어라도 상관없다. 숨을 들이쉬며 "관세음보살께"라고 말하고, 내쉬면서 "귀의합니다."라고 해도 된다. 만일 기독교에 대한 신앙이 좀 더 자신의 마음을 건들 거나 평화롭게 한다면 예수기도와 같이 숨을 들이쉬며 "예수님"이라고 말하고, 숨을 내쉬면서 "도와주세요"라고 말해도 된다. 이렇게 시작을 해서 위의 4단계를 모두 성취하면 심월륜이 나타나게 된다.

중요한 것은 호흡에 의식을 둘 때 오직 코끝의 느낌에만 의식을 두어야 한다. 그래야 단전호흡이나 복식호흡이 되지 않기 때문이다. 단전호흡이나 복식호흡은 호흡에 작용을 넣는 것이기에 해서는 안 되는 것이다. 코끝의 공기가 움직이는 느낌을 느끼면서 위의 문구를 말하는 것을 하고 그 문구와 호흡 속으로 들어가야 한다. 또는 반대로 호흡을 내게 초대한다고 해서 내게로 다가온 호흡 안에 내가 폭 안기는 기분을 가지고 행해도 된다.

이때 중요한 것은 심월륜이 나타날 때 눈을 감은 상태로 코끝 부위에 나타나는 것만을 진짜로 본다. 그 외에 머릿속이나 머리 위나 뱃속 등에서 나타나는 것은 모두 삿된 것으로 본다. 그리고 이러한 심월륜을 단계별로 분류하면 다음과 같이 된다.

> 초기 심월륜 : 흰빛이 어른거린다.
> 강화 심월륜 : 빛이 좀 더 강해지며 딜과 같이 견고해진다.
> 안정 심월륜 : 명상 때마다 심월이 나타나면 안정된 것이다.
> 호흡 심월륜 : 호흡과 심월이 하나가 된다.

호흡 심월륜이 이루어지면 호흡과 문구를 놓아버리고 심월륜에 완전히 들어가도록 한다. 이렇게 심월륜에 들어가게 되면 이것을 근접삼매라고 한다. 그리고 이렇게 근접삼매에 들면 그 이후에 각 선정에 대한 문구를 말하는 것으로 사선정을 성취한다.

- 반조 : 선정에서 나오면 입정하기까지의 과정과 선정에서 나올 때까지의 과정이 떠오른다.

- 전향 : 선정에서 나오면 근접삼매의 원래 마음 상태로 돌아온다.
- 출정 : (조건들)하면 입정에서 나온다. (ex. 불안한 생각이 들면 입정에서 나온다)
- 주정: (시간)동안 입정에 머문다. (ex. 20분 동안 입정에 머문다)

위의 문구를 먼저 말을 한 후에 각 선정에 들 때 다음의 문구를 말한다.

- 초선정 : 근접삼매는 초선정보다 거칠고 덜 고요해서 싫다. 각심(대상을 향해감)과 관심(대상을 유지함)과 희심(대상을 좋아함)과 락심(대상에 만족함)과 일심(대상과 하나 됨)만 있는 초선정으로 들어간다.
- 이선정 : 초선정 이선정보다 거칠고 덜 고요해서 싫다. 희심(대상을 좋아함)과 락심(대상에 만족함)과 일심(대상과 하나 됨)만 있는 이선정으로 들어간다.
- 삼선정 : 이선정은 삼선정보다 거칠고 덜 고요해서 싫다. 락심(대상에 만족함)과 일심(대상과 하나 됨)과 고요한 평정(놓아버림)만 있는 삼선정으로 들어간다.
- 사선정 : 삼선정은 사선정보다 거칠고 덜 고요해서 싫다. 일심(대상과 하나 됨)과 고요한 평정(놓아버림)만 있는 사선정으로 들어간다.

여기서 고요한 평정은 우필차(사:捨)를 나타낸다.

> 초선정 : 각, 관, 희, 락, 일심
> 이선정 : 희, 락, 일심
> 삼선정 : 락, 일심, 사
> 사선정 : 일심, 사

　반조, 전향, 출정, 주정의 확언을 외운 후에 대상을 선정해서 해당 대상으로 확언을 한 후에 사띠를 행한다. 사띠란 마음으로 대상을 챙기는 것으로 그 대상 안으로 들어가거나 그 대상을 내게로 초대하는 것이다. 이때부터는 호흡만이 아니라 어떠한 대상을 챙겨도 되는데 앞으로 무색계를 들어갈 것이므로 여기부터 10가지 까시나를 사용한다.

2) 까시나 사마타 사처정

　사선정에 이르렀으면 어떠한 대상을 챙겨도 된다. 그렇기에 이때는 10가지 까시나로 무색계 사처정을 성취한다. 이때 10가지 까시나란 다음과 같다.

백 : 흰색을 떠올린다.
흑 : 어두운색을 떠올린다.
황 : 노란색을 떠올린다.
적 : 붉은색을 떠올린다.

지 : 땅 개념의 이미지를 떠올린다.(색깔 이외의 이미지 전체)
수 : 물 개념의 이미지를 떠올린다.(색깔 이외의 이미지 전체)
화 : 불 개념의 이미지를 떠올린다.(색깔 이외의 이미지 전체)
풍 : 바람 개념의 이미지를 떠올린다.(색깔 이외의 이미지 전체)
명 : 빛 개념의 이미지를 떠올린다.(색깔 이외의 이미지 전체)
공 : 빈 공간 개념의 이미지를 떠올린다.(색깔 이외의 이미지 전체)

그러므로 각각의 확언들은 대상을 선택한 까시나로 사용한다. 가령 백색 까시나를 하는 경우라면 다음과 같이 확언을 하면 된다.

"근접삼매는 초선정보다 거칠고 덜 고요해서 싫다."
"각심(백색을 향해감)과 관심(백색을 유지함)과 희심(백색을 좋아함)과 락심(백색에 만족함)과 일심(백색과 하나 됨)만 있는 초선정으로 들어간다."

실제 확언을 할 때는 괄호 안의 의미를 사용하다가 익숙해지면 각관희락일심으로 대체해도 된다. 그리고 이상의 과정을 순서대로 정리하면 다음과 같다.

1. 까시나 선택
2. 4가지 확언 사용
3. 초선정 확언 사용

4. 까시나 사띠 시작

5. 근접삼매 : 심월륜 나타나면 심월륜으로 들어감

6. 초선정 : 각관희락일심

7. 근접삼매 : 심월륜을 바라보는 상태로 나오는 전향을 한 후에 초선정의 체험을 반조함

8. 초선정의 경험을 반조해서 그 경험이 각관희락일심을 갖춘 초선정이었는지 확인

이렇게 초선정에 들어갔다 나오게 되며 이러한 과정을 좀 더 자세히 설명하면 다음과 같다.

심류 : 통상의식

전향 : 선정에 들어가기로 마음먹음

준비 : 대상을 상대로 사띠를 시작함

근접 : 심월이 나타나고 대상과 하나가 된 상태

수순 : 심월이 나를 끌고 들어간 상태

종성 : 반응하는 의식이 사라진 상태

삼매 : 초선정

전향 : 선정에서 나옴

근접 : 탐진치만의가 아직 활동을 시작하지 않은 상태

반조 : 관찰과 분석

심류 : 통상의식

이와 같은 방식으로 초선정에 들어가는 것이 자유롭게 된다면 다음에는 이선정으로 들어간다. '심류-전향-준비-근접-수순-종성-초선-전향-근접'을 지난 후에 다시 다음과 같이 한다.

1. 네 가지 확언 사용
2. 이선정 확언 사용
3. 까시나 사띠 시작
4. 근접삼매 : 심월륜 나타나면 심월륜으로 들어감
5. 초선정 : 각관희락일심
6. 이선정 : 희락일심
7. 근접삼매 : 심월륜을 바라보는 상태로 나오는 전향을 한 후에 초선정의 체험을 반조함
8. 이선정의 경험을 반조해서 그 경험이 희락일심을 갖춘 이선정이었는지 확인

이선정은 초선정을 지나서 들어가고 지나서 나오게 된다. 삼선정은 초선정과 이선정을 지나서 들어가고 지나서 나오게 된다. 사선정도 마찬가지이다.

심류-전향-준비-근접-수순-종성-초선-전향-근접-전향-준비-근접-수순-종성-초선-이선-전향-초선-전향-근접-반조-심류

이러한 과정을 거치게 된다. 그리고 익숙해지면 다음과 같이 한 번에 하도록 하면 된다.

심류 : 통상의식
전향 : 선정에 들어가기로 마음먹음
준비 : 대상을 상대로 사띠를 시작함
근접 : 심월이 나타나고 대상과 하나가 된 상태
수순 : 심월이 나를 끌고 들어간 상태
종성 : 반응하는 의식이 사라진 상태
삼매 : 초선정
삼매 : 이선정
전향 : 이선정에서 나옴
삼매 : 초선정
전향 : 초선정에서 나옴
근접 : 탐진치만의가 아직 활동을 시작하지 않은 상태
반조 : 관찰과 분석
심류 : 통상의식

이렇게 초선정에서 사선정까지를 10개의 까시나로 들어설 수 있으면 색계 사선정을 성취한 것이다. 10가지 모두를 사용해서 사선정까지 확실하게 성취를 한 후에 무색계 사처정으로 들어가는 것을 권장한다. 무색계는 공 까시나를 제외한 9개 까시나 중에 한 가지를 선택해서 들어가게 된다.

1. 까시나 선택
2. 4가지 확언 사용
3. 사선정 확언 사용
4. 까시나 사띠 시작
5. 근접삼매 : 심월륜 나타나면 심월륜으로 들어감
6. 초선정에서 사선정까지 들어감
7. 근접삼매 : 심월륜을 바라보는 상태로 나오는 전향을 한 후에 사선정의 체험을 반조함
8. 공무변처정 확언 사용
9. 까시나 사띠 시작
10. 근접삼매 : 심월륜 나타나면 심월륜으로 들어감
11. 초선정에서 사선정을 지나 공무변처정에 이르게 됨
12. 근접삼매 : 심월륜을 바라보는 상태로 나오는 전향을 한 후에 공무변처정의 체험을 반조함

사처정의 경험은 다음과 같다.

공무변처정 : 공간과 사
식무변처정 : 의식과 사
무소유처정 : 없음과 사

비상비비상처정 : 평화와 사

그리고 그 확언들은 다음과 같다.

- 공무변처정 : 사선정은 공무변처정보다 거칠다. 무한한 공간. 무한한 공간.
- 식무변처정 : 공무변처정은 식무변처정보다 평화스럽지 않다. 무한한 의식. 무한한 의식.
- 무소유처정 : 식무변처정은 무소유처정보다 평화스럽지 않다. 없음. 없음.
- 비상비비상처정 : 무소유처정은 비상비비상처정보다 평화스럽지 않다. 평화로움. 평화로움.

그 외의 방법은 앞서와 동일하다.

근접삼매-초선정-이선정-삼선정-사선정-공무변처정-식무변처정-무소유처정-비상비비상처정

위와 같은 순서로 입정과 출정을 하는 것이 사마타이다. 그리고 여기까지 마치면 사마타 수행이 모두 끝난 것이다. 그리고 여기서부터는 신통력 수행으로 나갈 수 있고 위빠사나 수행으로 나갈 수 있게 된다. 참고로 신통력 수행에서는 확언을 사용하지 않는다.

3) 삼명 육신통을 얻는 까시나 명상

이렇게 색계 사선정과 무색계 사처정을 성취했으면 그 이후에는 삼명 육신통이 나타나야 한다. 그렇기에 이러한 신통력 수행을 다시 해야 한다.

우선 10개 까시나는 다음과 같다.

백: 흰색을 떠올린다.
흑: 어두운색을 떠올린다.
황: 노란색을 떠올린다.
적: 붉은색을 떠올린다.
지: 땅 개념의 이미지를 떠올린다.(색깔 이외의 이미지 전체)
수: 물 개념의 이미지를 떠올린다.(색깔 이외의 이미지 전체)
화: 불 개념의 이미지를 떠올린다.(색깔 이외의 이미지 전체)
풍: 바람 개념의 이미지를 떠올린다.(색깔 이외의 이미지 전체)
명: 빛 개념의 이미지를 떠올린다.(색깔 이외의 이미지 전체)
공: 빈 공간 개념의 이미지를 떠올린다.(색깔 이외의 이미지 전체)

이를 사띠하는 것으로 사마타를 이루는 것이 신통력을 얻는 기본이 된다. 즉 위의 10개 까시나로 사선정에 드는 것을 행한다. 그런 후에 이 중에서 공을 제외한 9개 까시나를 통해서 무색계에 들도록 하는 것이다. 그런 후 삼명, 육통 사처가 일어나게 된다. 삼명, 육통, 사처는 보통 같거나 연관된 것으로 본다.

> 삼명 : 숙명, 천안, 누진
> 육통 : 천안, 천이, 타심, 숙명, 신족여의, 누진
> 사처 : 공무변처, 식무변처, 무소유처, 비상비비상처

그런 후에 대상을 8개 까시나로 줄인다.

지-수-화-풍-흑-황-적-백

이러한 순서로 대상을 정한다.

다음으로는 선정을 정한다.

초선정 : 각, 관, 희, 락, 일심

이선정 : 희, 락, 일심

삼선정 : 락, 일심, 사

사선정 : 일심, 사

공무변처정 : 공간과 사

식무변처정 : 의식과 사

무소유처정 : 없음과 사

비상비비상처정 : 평화와 사

이제 이 두 가지를 서로 조합하는 것으로 신통력을 개발하게 된다. 기본적으로 10개 까시나로 사선정에 각각 들게 된다. 그런 후에 9개 까시나로 사선정과 사처정에 드는 것을 한다. 신통력은 8개 까시나로 행한다.

선정 : 초선정-이선정-삼선정-사선정-공무변처정-식무변처정
　　　-무소유처정-비상비비상처정
대상 : 지-수-화-풍-흑-황-적-백

[1단계]
선정을 하나 선택한다. (여기서는 삼선정을 예로 들어 '초선정-이선정-삼선정'으로 들어가게 된다)

(1) 지의 까시나로 초선정에서 삼선정까지 들어간다.
(2) 수의 까시나로 초선정에서 삼선정까지 들어간다.
(3) 화의 까시나로 초선정에서 삼선정까지 들어간다.
(4) 풍의 까시나로 초선정에서 삼선정까지 들어간다.
(5) 흑의 까시나로 초선정에서 삼선정까지 들어간다.
(6) 황의 까시나로 초선정에서 삼선정까지 들어간다.

(7) 적의 까시나로 초선정에서 삼선정까지 들어간다.
(8) 백의 까시나로 초선정에서 삼선정까지 들어간다.

이러한 방식으로 사선정과 사처정을 여러 가지로 정해서 행하도록 한다.

[2단계]
선정을 하나 선택한다.

그런 후에, 지-수-화-풍-흑-황-적-백을 역순으로 해서 백-적-황-흑-풍-화-수-지로 선택한 선정까지 들어간다.

방법은 1단계와 동일하게 여러 선정을 정해서 행한다.

[3단계]
선정을 하나 선택한다.
순역으로 이어서 행한다.

지-수-화-풍-흑-황-적-백-적-황-흑-풍-화-수-지
이와 동일한 방법으로 여러 선정을 정해서 행한다.

[4단계]

선정을 하나 선택한다.

순역에서 하나씩 건너뛰면서 한다.

지—화—흑—적—황—풍—수 또는 수—풍—황—적—흑—화—지

이러한 방식으로 여러 선정을 정해서 행한다.

[5단계]

까시나 중 하나를 선택한다.

  그런 후에, 초선정—이선정—삼선정—사선정—공무변처정—식무변처정—무소유처정—비상비비상처정 순서로 선정에 들어간다.

여러 가지 까사나를 선택해서 이를 행한다.

[6단계]

까시나 중 하나를 선택한다.

그런 후에, 역순으로 무소유처정-식무변처정-공무변처정-사선정-삼선정-이선정-초선정 순서로 선정에 들어간다.

여러 가지 까사나를 선택해서 이를 행한다.

[7단계]
까시나 중 하나를 선택한다.

그런 후에, 순역으로 초선정-이선정-삼선정-사선정-공무변처정-식무변처정-무소유처정-비상비비상처정-무소유처정-식무변처정-공무변처정-사선정-삼선정-이선정-초선정 순서로 선정에 들어간다.

여러 가지 까사나를 선택해서 이를 행한다.

[8단계]
까사나 중 하나를 선택한다.

초선정-삼선정-공무변처정-무소유처정-공무변처정-삼선정-초선정이나 이선정-사선정-식무변처정-비상비비상처정-식무변처정-사선정-이선정으로 선정을 하나씩 건너뛰며 행한다.

여러 가지 까사나를 선택해서 이를 행한다.

[9단계]

까사나와 선정을 하나씩 건너뛰며 조합을 만들어서 행한다.

지-화-흑-적-황-풍-수
수-풍-황-적-흑-화-지
초선정-삼선정-공무변처정-무소유처정-공무변처정-삼선정-초선정
이선정-사선정-식무변처정-비상비비상처정-식무변처정-사선정-이선정

이를 조합해서 한다.

지-초선정-화-삼선정-흑-공무변처정-적-무소유처정-황-공무변처정-풍-삼선정-수-초선정
지-이선정-화-사선정-흑-식무변처정-적-비상비비상처정-황-식무변처정-풍-사선정-수-이선정
수-초선정-풍-삼선정-황-공무변처정-적-무소유처정-흑-공무변처정-화-삼선정-지-초선정
수-이선정-풍-사선정-황-식무변처정-적-비상비비상처정-흑-식무변처정-화-사선정-지-이선정

이렇게 까시나를 떠올리면 해당 선정으로 들어가는 것이다.

[10단계]

까시나를 선택한다.

여러 가지 선정을 무작위로 변화하며 들어간다.

[11단계]

선정을 선택한다.

여러 가지 까시나로 선택한 선정에 자유롭게 들어간나.

[12단계]

선정과 까시나를 선택해서 자유롭게 오갈 수 있게 한다.

[13단계]

까시나 없이 선정의 특징을 떠올리면 바로 그 선정에 들어서도록 한다.

[**14단계**]

까시나를 떠올리면 선정을 의식하지 않아도 초선정에서 비상비비상처정까지 저절로 들어가도록 한다.

여기까지 마치고 나면 이제 신통력이 가능하다. 신통력은 근접삼매에서 서원을 하고 그 서원을 까시나 삼아서 초선정에서 사선정까지 저절로 들도록 한다. 그런 후에 선정에서 나온 후 근접삼매 상태에서 그 서원을 이루겠다는 발심을 한다. 물론 선종에서는 이러한 것은 없다고 본다. 무언가 일어난다면 자신의 소유가 아니라 신비일 뿐인 것이라 본다. 그렇기에 이를 개발하려 하지 않지만 오히려 더 강렬하게 신비 속에 살게 된다. 물론 선종의 돈법이 아니어도 이러한 점법으로 아라한을 넘어 대승보살의 실천적 삶을 이루며 불사를 짓고 그 공덕으로 해탈을 이루는 길이 전해진다. 이를 사처정을 통해 얻은 신통력으로 해탈을 이루는 길이라고 하며 '양부해탈' 또는 '심해탈'이라고 한다. 사처정은 다섯 신통력을 일으킨다. 천안통, 천이통, 타심통, 숙명통, 신족여의통이 그것이다. 이렇게 다섯 신통력이 일어나면 천백억 법계에 천백억 화신이 일어나서 불사를 짓고 그 공덕으로 수상멸 멸진정에 들어간다. 물론 이는 수행으로 들어가는 것이 아닌 이러한 공덕으로 들어가는 것이며 신통력은 그러한 공덕을 빠르게 이루기 위한 방편일 뿐이다. 이렇게 멸진정에 이르면 여섯 번째 신통력인 누진통이 일어나며 해탈을 이루게 된다. 이렇게 해탈을 한 보살은 자신의 서원에 따라 육도에 다시 나타나며 고통 속에서 어디에도 걸림이 없는 무주처열반에 있게 된다. 열반이 있어 거기에 드는 것이 아니라 육도 자체의 어디에도 걸리지 않지만 늘 육도 안에 있기에 무주처열반이라 하는 것이다. 그래서 육도윤회 안에서 번뇌를 안고 열반에 드는 것을 나타낸다.

4) 찰라정 위빠사나

앞서 살펴본 것과 같이 점법 수행은 사띠가 기본이 된다. 처음에는 호흡을 통해 심월륜을 일으키고 사선정을 이룬다. 다음으로 까시나를 통해 사처정에 든다. 다음으로 삼명 육신통을 이루는 14단계의 까시나 명상을 통해 신통력을 이루게 된다. 이렇게 신통력으로 해탈을 이루는 것이 양부해탈이다. 하지만 이러한 해탈과 다른 길도 전해진다. 바로 위빠사나의 사념처 수행을 통해 사성제를 성취해 해탈하는 길로 혜해탈이라고 한다.

본래 정통적인 위빠사나는 최소 초선정에 들었다 나온 후에 그 선정력으로 행하는 방식이다. 그렇기에 우선 초선정에 이르러야 그 선정력으로 이를 실천 할 수 있다. 그러므로 앞서와 같이 신통력이 아닌 위빠사나로 이를 행할 경우에는 우선 근접삼매를 좀 더 확실하게 해야 한다. 초선정에 들었다 나온 직후 근접삼매의 힘으로 존재를 관찰하고 분석하는 것이 위빠사나이다. 이러한 위빠사나에 들기 위해서는 4개 까시나를 사용한다.

> 지 : 단단함과 부드러움
> 수 : 흐름과 응집
> 화 : 따뜻함과 차가움
> 풍 : 지탱과 움직임

다만 여기서는 위의 네 가지 요소를 분석의 도구로 삼으며 이를 통해서 여기에 고, 무상, 무아임을 통찰해 내는 것이 된다. 마음을 관찰하면 그 마음이 단단한지 아니면 부드러운지 분석을 하고 다음으로 흐르는지 응집하는지 분석을 하며, 따뜻한지 차가운지로 분석을 하고 지탱하는지 움직이는지 분석을 해 나아간다. 그렇기에 이는 단지 이러한 요소로 분석이 될 뿐 거기에 나라고 부를 것도 없고 영원히 존재하는 것도 없으며 그렇기에 고통이 있게 된다는 것을 통찰해 나아가면서 10가지 지혜를 얻어 가는 것이 위빠사나이다.

1. 내 몸을 단단함과 부드러움으로 분석을 해 나아간다.
2. 천천히 세밀하게 분석을 해 나아간다.
3. 개념이 아니라 의식으로 실제 감각적으로 이를 느껴보도록 한다.
4. 잘 느껴지지 않는 곳은 놓아두고 나중에 다른 원소로 분석하도록 한다.
5. 모두 마치면 '수' 원소로 분석하고 모두 마치면 '화' 원소로 분석하

며 마지막으로 '풍' 원소로도 분석을 한다.
6. 이러한 관찰과 분석으로 심월륜이 나타나면 내 몸(대상)과 심월륜이 하나가 되도록 한다.
7. 내 몸과 하나가 된 심월륜을 관찰과 분석을 한다.
8. 관찰과 분석이 깊어질수록 심월륜이 투명해지고 나의 몸도 크리스탈과 같아진다.
9. 관찰과 분석의 대상을 수정의 몸이 된 심월륜속의 빈 공간으로 한다.
10. 빈 공간을 관찰하고 분석하면 어느 순간 수정의 몸이 된 심월륜이 깨어지며 작은 별빛과 같은 미세 원소 깔라파로 휘날리게 된다.

여기에 도달해야 이제 위빠사나가 시작이 되는 것이다. 초선정에 들어갔다 나온 힘으로 근접삼매를 이루고 그 힘으로 위빠사나를 하는 것이 정통적인 위빠사나이다. 여기부터 실제적인 물질의 관찰과 분석을 하고 심과 심소를 관찰과 분석을 하는 것이 된다. 이후의 과정은 청정도론을 참고하면 된다. 그리고 이러한 점진적인 과정이기에 소승점법이라고 한다.

앞서 이야기한 것과 같이 최소 근접삼매를 이루고 나서야 그 힘으로 위빠사나를 하는 것이 정통적인 방식이라고 하였다. 하지만 미얀마 등지에서는 선정에 들어가기 직전의 근접삼매를 가지고 위빠사나를 행하기 때문에 선정에 들어가지 않아도 된다고 하며 이러한 방식이 찰라정 위빠사나라고 한다. 이것이 요즘 일반적으로 이야기되는 위빠사나의 모습으로 가장 초반의 기초적인 사띠 수행에도 미치지 못하는 방법이다. 선정력이 아닌 찰나정을 이야기하기에 여기서는 까시나를 사용하지 않는다. 아무튼 이러한 찰라정을 통한 위빠사나에서는 사마타 수행을 하지 않아도 되며 이를 혜해탈의 길로 이야기한다. 즉 근접삼매에 들어 심월륜이 보이는 단계까지만 행할 뿐 그것과 하나가 되는 과정을 거치지 않는다.

5) 유가행 중관학

유가란 요가를 나타내며 행은 탄트라를 의미한다. 그러므로 유가행이란 요가 탄트라를 의미한다. 수행은 요가 탄트라로 하고 통찰은 중관으로 한다는 것이 유가행 중관학의 모습이다. 유가행 중관학은 대유가행, 무비유가행, 무상유가행으로 분류되기도 한다. 대유가행이란 생기차제 혹은 대수인 전행과 같다. 무비유가 중 가장 대표적인 것이 육성취법이며, 지혜 봉인을 사용하는 길과 공락대수인 또는 비밀집회와 같이 실체의 봉인을 사용하는 길이 있다. 마지막으로 무상유가는 대원만법과 대수인법을 나타낸다. 대원만법은 심부 계부 비결부로 이루어져 있고 비결부는 입단과 돈초로 구성되어 있다. 입단은 선종으로부터 시작되었고 돈초는 흑교의 태양신공 혹은 일월법문으로부터 시작되었다. 이 중 입단은 대수인의 무수(無修)로 이어진다. 유가행 중관학과 사띠 수행의 관점으로 대수인을 살펴보면 실주 대수인에서 전주가 근접삼매가 되며, 리희가 본 삼매로 들어가 사선정과 사처정에 들어간 것이 되며, 일미가 위빠사나가 된다. 이렇게 되는 것이 유가행 중관학의 모습이다. 그리고 마지막 무수에 이르며 이는 광명 대수인과 연결되는데 이러한 과정이 점법을 거쳐 돈법으로 가는 길을 나타낸다. 하지만 일반적으로 널리 알려진 유가행 중관학은 이러한 돈법이 아닌 점법 중심을 이야기하는 경우가 많다. 그렇기에 대유가, 무비유가, 무상유가에 대한 것을 이야기하지 않는다. 이때는 사띠를 통한 선정과 그를 통해 얻은 선정력으로 위빠사나 수행을 하는 것을 나타내며 이것이 유가행 중관학의 방편에 상세히 적용된다.

이러한 관점에서 위빠사나를 보면 돈점논쟁에서 이야기한 점법 수행의 전체 모습이 보인다. 우선 사띠를 통해 근접삼매를 성취하고 심월륜을 본다. 그 후 심월륜의 힘으로 사선정을 성취하고 까시나를 통해 사처정을 이루게 되며 그 이후에 위빠사나를 하게 된다. 이때 4위 82법 중 추상적 물질 10가지를 뺀 72가지 구경법을 대상으로 위빠사나를 하게 된다. 즉 물질이 28가지인데 그 중 추상적 물질 10가지를 빼고 18가지 구체적 물질과 마음부수 52가지를 관찰 대상으로 한다. 그런 후에 마음을 분석하면서 89가지를 다 보고, 거기서 고, 무상, 무아를 통찰해 내는 것이 위빠사나 수행이다. 이렇게 점진적으로 닦아 나가면서 통찰을 얻어 해탈에 이르는 것이 점법이다. 그러므로 수천 생을 살아야만 부처님의 법을 만나 저러한 수행을 할 수 있고, 그리고 또 저렇게 결과로서의 마음챙김을 행해서 수백 생을 닦아야 예류에 들게 되며 그 후에야 승려가 되어 닦아 나갈 수 있는 수준을 이야기하는 것이 소승 점법의 특징이다. 이는 이번 생에서 열심히 하면 된다는 수준이 아니라 몇 십겁을 수행하며 닦아 나가는 수준을 이야기하게 된다. 이러한 점법에 대해 돈법을 들고나온 것이 대승이다. 돈법에서는 마음으로 대상인 법을 챙겨서 깊이 관찰할 필요가 없다고 전한다. 마음을 살펴 마음을 일으킴이 없으면 그것으로 선정삼매라고 말한다. 그렇기에 점법의 선정삼매는 움직일 수 없지만 대승의 선정삼매는 행주좌와 어묵동정 모든 것을 하며 그 안에서 이루어지게 된다. 이러한 대승 돈법이 바로 광명 대수인이다.

(3) 우필차의 돈법 수행

우필차의 팔리어는 우뻬카(Upekha)이다. 이 단어는 '중립', '공평', '평정', '침착', '무관심', '무관심하게 바라봄', '평온', '괴롭지도 즐겁지도 않은 신체적 혹은 정신적인 느낌' 등 다양하게 사용된다. 고대 인도의 대서사시 '라마야나', '마하바라타' 등의 문헌에서는 무시(無視) 혹은 묵시(默視)의 의미로 사용되고 있다. 한자로는 사(捨)로 번역이 되며 '자, 비, 희, 사'의 '사'가 바로 우필차를 의미한다. 일반적으로 베푼다는 보시의 시(施)로써 사용되지만 본래는 개입하지 않으면서 여여

(如如)하게 바라본다는 의미를 가지고 있다. 이는 '균형(均衡)'이나 '평정(平靜)'을 의미하기도 한다. 하지만 좀 더 정확하게는 '중심을 맞춤', '균형을 맞춤'이라는 기능적인 의미로 활용이 된다. 그렇기에 '균형감' 또는 '조화'라는 의미가 좀 더 정확하다.

이러한 우필차는 어느 한쪽으로 치우치지 않은 특성을 가지고 있기에 중도(中道)의 개념과 혼동되기 쉽지만 그와 다르다. '중도'가 지혜와 실천을 모두 포괄한 어떤 상태를 나타낸다면, 우필차는 그러한 중도를 일으키는 기술적인 힘을 나타낸다. 즉 우필차가 있기에 중도를 갈 수 있다고 보면 된다. 그러므로 우필차는 어떤 경지를 이야기하는 것이 아니다. 그보다는 기능을 의미하며 수단을 나타낸다.

사띠 중심의 점법 수행에서는 이 세상 모든 것을 법(法)으로 보고 그것에 자성이 없음을 통찰하는 과정으로 나아간다. 이는 마음챙김을 통해 선정 삼매에 들어 모든 것이 식의 전변임을 이해하는 단계까지 이르러서 개념의 공성을 체험하고 그로써 중관을 체험하는 길을 이야기한다. 이는 수행자가 오랜 시간 사마타와 위빠사나를 통해 선정과 지혜를 함께 닦아 나가며 점진적으로 성취하는 길이기에 점법이라 한다.

하지만 대승은 돈법이라고 해서 한 번에 깨달을 뿐이라고 표현한다. 마음 하나 돌리면 그것으로 수행이 끝나는 돈법을 이야기하는 것이다. 그런 후 모든 것은 저절로 이루어져 가는 것이므로 점진적으로 무언가 닦아야 할 것이 없음을 이야기하는 것이 선종의 무수지수(無修之修)이다. 하지만 닦을 것이 없음이지 아무것도 하지 않는다는 뜻은 아니다. 그렇다면 '그 마음 하나 돌린 순간 무엇이 일어나는 것인가?'라는 문제가 생긴다. 이때 일어나는 작용이 바로 우필차이다. 이러한 우필차는 중도(中道)에 이르는 기능이자 수단이라고 했다. 사띠를 행하며 사마타와 위빠사나를 통해 무자성에 대한 통찰을 얻어 나가는 것이 아니라 한순간에 자성이 존재하지 않음을 이해하고 그저 모든 것을 만물의 흐름에 그대로 놓아두고 저절로 나아가게 됨을 이야기하는 것이다. 그리고 이렇게 놓아두고 저절로 나아감을 우필차라 한다. 이와 같이 사띠 중심에서 우필차 중심으로 바뀐 것이 점법과 돈법의 차이이다.

이러한 우필차의 개념은 중국에서 가장 잘 받아들여지게 되었다. 그 이유는 중국의 사상과 유사했기 때문이다. 앞서 설명한 것과 같이 우필차는 자율적 리밸런싱을 나타내며, 이는 마치 일음일양의 태극 안에서 자율적으로 파도치듯이 움직이는 그 무엇을 나타낸다. 우리가 살아가는 이 세상, 즉 천지자연과 인간의 본성 자체를 그것으로 파악했기에 우필차의 개념은 무수히 많은 다양한 단어들로 표현하게 되었다. 대기운화, 무극이태극, 음양대대 등등 매우 많은 단어들로 표현할 수 있었고, 이러한 개념이 있었기에 격의불교가 생길 수 있었던 것이기도 하다.

중국 도교와 유교 등 다양한 사상을 우필차라는 개념을 통해 부처님의 가르침으로 재해석하여 설명할 수 있었다. 그렇기에 우필차라는 단어 자체는 거의 사용되지 않았으며 단지 우필차라는 개념으로 그 모든 것을 하나로 통합해 설명할 수 있게 되었고 그 과정에서 다양한 표현이 나오게 되었다. 우필차는 '자연스러움', '본래 그러함' 그런 것이기 때문에 우필차를 닦을 수 있는 방법이 없다. 단지 그러한 기능이 일어나게 되는 것이다. 그렇기에 이러한 배경에서 대승 돈법이 나오게 된 것이기도 하다. 천지자연의 대기운화를 향해서 나를 열어 놓으면 그 이후는 모든 것이 저절로 이루어져 가는 것이며, 그것이 선종의 무수지수(無修之修)이자 광명 대수인이 된다.

1) 지관법문

소승 점법에서는 사띠를 통해 선정삼매에 이르고 그 힘으로 위빠사나를 해서 지혜를 얻는 과정을 거치게 된다. 하지만 이것이 중국으로 넘어오면서 대승 돈법이 크게 꽃을 피우며 더 이상 사띠를 하지 않는 방법으로 전해졌고, 이때 나온 것이 지관쌍수(止觀雙修)이다. 일반적으로 지법(止法)은 사마타로 칭해지며 관법(觀法)은 위빠사나로 칭해진다. 이때 사띠를 하는 것이 아니라 우필차의 개념이 도입된다. 즉 지법과 관법을 한 후에 우필차를 행하는 것이다. 그러므로 사띠에서의 사마타와 위빠사나는 지관법문의 지법과 관법과는 그 내용이 조금 다르다. 이는 사띠를 하면서 행하는 것이 아니라 우필차가 일어나기 위해 행하는 지법과 관법을 나타낸다.

지관법문(止觀法問)의 지(止)는 그친다는 의미를 가지고 있으며 이는 마음을 하나로 모으는 것을 말한다. 관(觀)은 그렇게 하나로 모은 마음을 청정법계에 풀어 놓는 것을 나타낸다. 그 이후에는 우필차에 의한 자율적 조절 운동에 의해 조화와 균형이 이루어지며 시시때때로 변화하는 중심을 잡아가며 스스로 나아가게 된다. 이를 시중(時中)이라 하며 이로써 중도(中道)에 들게 된다고 표현한다. 이때부터 모든 현상과 변화는 우필차에 의해 일어나는 것이지 수행자가 그를 위해 무엇인가를 하는 것이 아니다. 그렇기에 무수(無修)를 이야기하는 것이며 그를 통해 스스로 점차 맑아져 나가는 것이다.

지관법문에서는 우필차를 별도로 언급하지 않고 있다. 정확히는 사띠가 빠지고 지관만 받아들여졌고 그 후에 발생되는 우필차는 별도로 언급할 필요가 없었던 것이다. 이는 저절로 일어나는 것이지 우필차라는 개별적인 행법이 있는 것이 아니기 때문이다. 정확히는 지관 자체가 우필차를 얻기 위한 것으로 지법과 관법을 함께 닦는 것으로 이루어진다. 하지만 사띠의 점법 수행에서는 사마타와 위빠사나를 함께 닦을 수 없다. 사마타를 통해 선정삼매에 들고 깊은 선정에서 근접삼매로 돌아 나오고 나서야 위빠사나를 할 수 있기 때문이다. 하지만 지관법문에서는 지관쌍수, 즉 지법과 관법을 함께 닦는 것을 이야기한다. 바로 이때부터가 지법과 관법이 사마타와 위빠사나를 이야기하는 것이 아님을 나타내며, 이는 사띠를 행하기 위함이 아니라 우필차가 일어나도록 하기 위함을 나타낸다.

선도에서도 성명쌍수라고 하는데 이는 지관쌍수 또는 정혜쌍수에서 나온 것이다. 특히 중국도교 북종 전진도에서는 생리적인 수행법인 명공(命功)은 티벳 밀교인 나로빠 육성취법에서 유래한 것이고, 심리적인 수행법인 성공(性功)은 천태종의 지관타좌에서 나온 것이다. 이러한 천태지관은 차제선문과 마하지관이 대표적인 수행서가 되며 각각 삼지(三止)와 삼관(三觀)을 이야기한다.

삼지에 대해서 차제선문에서는 계연지, 제심지, 체진지를 이야기하며, 마하지관에서는 처진지, 방편수연지, 식이변분별지를 이야기한다. 삼관에 대해서 차제선문에서는 실관, 득해관, 혜행관을 이야기하며, 마하지관에서는 공관, 가관, 중관을 이야기한다. 이를 다시 정리하면 다음과 같이 된다.

> 차제선문의 삼지 : 계연지, 제심지, 체진지
> 차제선문의 삼관 : 실관, 득해관, 혜행관
>
> 마하지관의 삼지 : 체진지, 방편수연지, 식이변분별지
> 마하지관의 삼관 : 공관, 가관, 중관

지는 마음을 하나로 모으는 것이며 관은 마음을 청정법계에 풀어두는 것이다. 이를 순차적으로 행하게 되면 차제지관이라 하며 이를 동시에 닦으면 원돈지관이라고 한다. 앞서 차제선문의 삼지 삼관은 범부

의 지관이라 하며 마하지관에서 설한 삼지 삼관은 보살의 지관이라 한다. 그렇기에 원돈지관만 최고의 지관법이라 해서 보통 삼지 삼관이라고 하면 마하지관의 삼지 삼관만을 설명하는 경우가 많다. 하지만 실제 실수법에 있어서는 차제지관의 삼지 삼관을 이해해야 원돈지관의 삼지 삼관을 이해하는 데 무리가 없다.

계연지(繫緣止)

일상에서 우리의 의식은 끊임없이 순환하며 인식의 대상이 계속 이동하게 된다. 그리고 대다수 이는 조건반사적으로 일어나는 경우가 많으며 이를 습(習)에 따른 오염이라고 칭한다. 그렇기에 조건반사적으로 일어나는 생각의 변화를 우선 그치는 것이 지법(止法)이다. 이렇게 흘러 다니는 생각을 멈추고 고정시키기 위해서 의식을 한 장소에 묶어 두는 방법이 가장 좋다. 이를 대상에 묶어두는 지라고 하여 계연지(繫緣止)라 칭한다. 이때 신체에 묶어 두는 것이 있고 추상적 개념에 묶어 두는 것이 있다. 신체에 묶어 두는 것이란 어떤 한 지점을 말하는 것이 아니라 어떤 하나의 운동성이나 전체적인 부위에 마음을 두는 것을 말한다. 이때 신체 부위는 정수리, 이마와 머리카락의 경계선, 콧마루(호흡), 아랫배, 발바닥 등이 있다. 다음으로 추상적 개념이란 불보살의 명호나 진언과 같은 것이 있고 화두에 집중하는 것 또한 마찬가지다. 어떤 한 지점에만 집중하라고 하면 힘들지만 이렇게 특정 범주를 지정하고 그곳에서 일어나는 변화에 마음을 두고 있으면 비교적 쉽게 그칠 수 있게 된다. 이는 마치 원숭이를 못 움직이게 하면 더욱 발버둥 치지만 나무에 긴 줄로 묶어 두면 어느 정도는 움직여도 그 나무 주변에서 벗어나지 못하게 되면서 점차 얌전해지고 그 범주 안에서 활동하게 되며 그 이상을 넘어가지 않게 그치게 되는 것과 같다고 보면 된다.

제심지(制心止)

계연지에서 의식이 자신의 의도와 상관없이 조건반사적으로 일어나는 것을 이야기했다. 하지만 외부 대상을 인지하는 육근 자체를 잘 지키면 생각이 떠오를 때마다 자신이 어떤 생각을 하고 있는지 알 수 있게 된다. 이렇게 의도되지 않은 의식 작용이 포착되면 바로 생각을 거두어 내면으로 향하게 함으로써 방일하지 않도록 제어하는 것이 제심지(制心止)이다. 이러한 제심지는 계연지를 통해 마음이 특정 범주에 머물게 하며 그치는 것이 익숙해질 때 행하게 된다. 그리고 계연지에서 제심지로 나갈 정도가 되면 이때 삼매에 드는 경우가 많기에 입정지라고도 부른다.

체진지(體眞止)

체진지의 체(體)는 '체험하다'라는 의미를 가지고 있다. 진(眞)이란 진여(眞如), 진제(眞諦)를 의미하므로 체진지란 진제를 체험하여 그침이 이루어지는 것을 말한다. 이것은 일체 사물에 자성이 없음을 보는 견성 체험이 일어난 후에 자연히 그쳐지는 지(止)를 의미한다.

실관(實觀)

실관이란 실제 일어나는 현상을 그대로 관찰하는 것을 말한다. 초반에는 숨이 들어오고 나가는 것에 대해 숫자를 붙이거나 하지만 어느 정도 집중이 되면 숫자를 세지 않고 숨의 모습을 잇는 그대로 관찰하는 것을 말한다. 숨이 들어오면서 폐가 확장되고 전신으로 퍼지는 감각과 모습을 그대로 관찰하는 것이다. 들숨의 과정을 그대로 바라보며 관찰하는 것은 지법의 계연지에 속하지만 관법으로써는 실관에 속하는 것이 된다. 이렇게 계연지와 실관은 서로 연결이 된다.

득해관(得解觀)

득해관은 현상을 있는 그대로 보는 것이 아니라 지속적인 연상 연습을 통해 뚜렷하게 나타나는 의식 속의 모습을 관찰하는 방법을 말한다. 지금 현재 눈앞에 일어나는 사실이 아니라 과거에 있었던 일이나 미래에 생길 것이라 예상되는 일들, 즉 '상(想)'을 관찰하는 것이다. 부정관이나 백골관 역시 이러한 득해관에 속한다고 볼 수 있다. 그리고 계연지에서 제심지로 넘어가게 되면 육근 자체의 의식 작용에 의해 포착된 생각 중 특정 범주에 머물게 된다. 백골관에서 몸이 썩어 흩어지는 모습이라는 특정 범주에서만 생각이 일어나는 것이 제심지라면 그를 관찰하는 것이 득해관에 해당된다. 제심지와 득해관도 이렇게 서로 연결이 된다.

혜행관(慧行觀)

혜행관이란 지혜가 작용하는 관이라는 의미가 된다. 앞서의 득해관에서 해(解)가 부분적이고 불안전한 앎 자체를 이야기한다면, 여기서의 혜(慧)는 반야를 나타낸다. 백골관에서 몸이 썩어 사라지는 것을 관찰할 때 몸에 대한 것이 영원하지 않다는 것이 해(解)를 얻은 것이라면, 그로 인해 자신의 육체와 영원함에 너무 집착하지 않으려고 하는 통찰이 일어나게 되며 이것이 혜(慧)를 얻은 것이 된다. 그렇기에 이를 반야라고 하며 일체의 법에 공통된 본질적인 부분인 무자성(無自性)과 공(空)을 보는 지혜를 나타낸다.

여기까지는 실제 있는 그대로의 현상을 관찰하는 것이 되므로 범주의 입장에서 자신이 체험하는 세계와 그를 인식하는 인식 구조 및 처리의 양상을 관찰하는 것이 된다. 또한 체진지와 혜행관에 대한 내용부터는 조금 다른 범주로 넘어가기 시작한다. 이러한 전체적인 지관의 내용은 명확하게 구분되지 않고 서로 연속적으로 발생되는 내용이기도 하다. 마지막으로 마하지관에서 주장한 삼지와 삼관이 있다. 여기서 삼지란 체진지, 방편수연지, 식이변불별지를 나타내며, 삼관이란 종가입공관, 종공입가관, 중도제일의제관을 의미한다.

마하지관에서는 삼지와 삼관을 삼제(三諦)에 맞추어 체진지, 방편수연지 식이변불변지를 공관, 가관, 중관에 맞추어 설명하고 있다. 마하지관의 체진지와 공관(혜행관)은 일체법에 자성이 없다는 공제(진제)를 깨닫는 방편을 말한다. 그리고 이러한 '자성이 없는 법'들이 인연에 의해 임시로 일정한 법을 나타내는 모습인 가제(속제)를 깨닫는 방편으로 방편수연지와 가관을 말하고 있다. 마지막으로 일체법이 공이면서도 가인 진공묘유(眞空妙有)로써 존재한다는 중제를 깨닫는 방편으로 식이변분별지와 중관을 이야기하고 있다.

이상의 지관법문을 차례로 수행하면 차제삼관이라 하고, 동시에 수행하면 일심삼관이라 하며, 일체가 공임을 알지만 중생을 구제하기 위해 일체법의 가제상을 익히는 보살의 입장에서는 원돈지관이라 한다. 마지막으로 이러한 내용을 화엄사상의 사법계에 맞춰 배열해 설명하면 다음과 같이 된다.

법계	산수	지	관
사법계	산은 산 물은 물	계연지 제심지	실관 득해관 (가상관)
이법계	산은 산이 아님 물은 물이 아님	체진지	공관 (혜행관)
이사무애법계	산은 물 물은 산	방편수연지	가관
사사무애법계	산은 산 물은 물	식이변분별지	중관

앞서 설명한 것과 같이 계연지는 의식을 신체에 묶어서 하나로 모으는 것과 의식을 상에 묶어서 하나로 모으는 것이 있다. 호흡을 관찰하는 것도 계연지이며 불보살을 떠올리며 진언이나 명호를 통해 상을 일으키는 것도 마음을 모은다고 하여 계연지에 속한다. 다음으로 제심지는 반응하는 자아를 그치게 하는 것을 나타낸다. 무언가 의식이 일어날 때 나도 모르게 바로 반응을 하게 되는데 그 중간에 그를 인식하는 자리를 만드는 것을 나타낸다. 이와 같이 자동반사적으로, 즉 습관적으로 일어나는 것을 그치는 것이 제심지이다. 실관이란 우리가 살아가는 세상 속에 마음을 풀어 놓는 것을 말한다. 이때 눈앞에 보이는 모든 것들이 스스로 자성여여 하다는 것을 알고 늘 그러함 속에 마음을 놓아두는 것이다. 일용사물이 청정법계의 화현임을 인정하고 이들이 어떤 무언가를 위해 있지 않으며 나 역시 이들을 위해 있지 않음을 이해하는 것이다. 득해관은 마음속에 자리한 다양한 생각들을 그대로 놓아

두고 대신 그렇게 변화하는 이면에 마음이 짓는 상들이 전변하는 것을 그대로 놓아두는 것을 말한다. 이는 가상 세계에서 마음을 놓아둔 것이기에 그곳에서 잠시 쉴 수 있게 되며 이러한 가상세계는 생각의 연속으로 이루어진 스토리 자체이며 거기에 마음을 풀어 두는 것이다. 이는 다른 세계, 즉 개념에서 발생 되는 것(생각)을 다룬다고 하여 가상관이라고도 말하고 있다. 여기까지가 사법계에 해당하는 사수문이 된다.

다음으로 체진지란 진실을 체험한다는 것이다. 그러므로 계연지나 제심지를 통해서 마음이 하나로 모인 상태로 삼고, 그렇게 모인 마음을 다시 챙겨 모으는 것을 대상으로 삼는다. 이는 몰입에 몰입을 하는 것을 나타낸다. 이와 마찬가지로 마하지관의 공관 혹은 차제선문의 혜행관은 해방에 대한 해방이다. 몸이 썩어 사라지는 것을 관찰할 때 몸에 집착하는 나 자신이 보이면서 그것을 한 발 떨어져서 관법을 통해 다시 한번 놔주는 것으로 자성이 없음을 이해하는 것이다. 대다수 사람들은 체진지 이상을 이해하지 못한다. 공관도 마찬가지이다. 체진기가 몰입에 대한 몰입이라면 공관은 해방에 대한 해방이다. 실관과 득해관으로 얻은 마음이 청정법계에 풀어지는 것을 청정법계에 푸는 것이다. 여기까지가 이법계에 해당하는 이수문이 된다.

방편수연지란 법상이 공성이지만 드러나는 것은 방편적인 일용사물이라는 것으로 마음을 모으는 것이다. 그렇기에 산이 물이 되고 물이 산이 되는 신통묘용으로 세상의 고통을 구제하는 것이다. 왜냐하면 보살도(대승)란 사람들이 체험하는 것을 구제하는 것이기에 보리심을 일으켜 세상을 돕기 위한 것이기에 그렇다. 그렇기에 실상은 공이지만 드러남이 가인 것이 중생의 삶이며, 이를 구제할 마음을 일으켜 공성이라는 묶임을 풀어내서 가짜들의 공유된 망상 속에 마음을 풀어두는 것이 가관이 된다. 방편수연지와 가관을 운용하는 지관법문이 신통법문이 되는 것이다. 여기까지가 이사무애법계에 해당하는 사리수문이 된다.

마지막으로 번뇌를 안고 열반에 들어가며 비어있기에 가득한 중도실상에 마음을 모으면 식이변분별지가 된다. 그리고 중도실상에 마음을 풀어 놓게 되면 중관이 된다. 여기까지가 사사무애법계에 해당하는 비사비리수문이 된다.

이상의 내용이 차제선문과 마하지관에서 보이는 삼지 삼관의 내용을 화엄법문의 사법계에 분류해 설명한 것이다. 여기서는 사띠를 통한 사마타 사선정으로 삼매에 드는 것을 이야기하지 않는다. 오직 지법과 관법이 서로 연동되며 하나의 흐름으로 이루어질 뿐이다. 그렇기에 지법 속에 관법이 있고 관법 속에 지법이 있으며 이 두 가지는 우필차라는 작용으로 조화를 이루며 나가게 된다. 그러면서 보다 깊은 지법과 보다 깊은 관법으로 스스로 자라 나가는 것을 단계별로 풀어 놓은 것이 사법계로 분류한 각 법계별 지관법문의 내용이다.

이상과 같이 천태지관의 방편은 상당히 명료하고 구체적이다. 그렇기에 천태지관으로 수행을 시작해서 육성취법의 졸화와 광명과 전식을 수지하고 대수인으로 수행을 마무리하는 과정을 거친 이들이 많이 있다. 이는 공락 대수인으로 시작해 실주 대수인의 일미와 무수를 얻고 광명 대수인으로 나가는 것과 같다.

2) 화엄법문

화엄사상은 인도에서 만들어진 화엄경을 중국인들이 이해하는 과정에서 발생한 사상으로 원교일승으로 칭해진다. 앞서 살펴본 것과 같이 근본불교는 원시불교와 초기불교로 분류된다. 그리고 이에 대한 가르침을 분석하면서 상좌부, 중관, 유식 등의 내용이 나온 것이다. 그 결과 중관을 중심으로 원시불교가 해석되면서 인도 불교사상의 중심이 잡힐 수 있게 되었다. 이러한 인도 불교사상이 중국으로 넘어가면서 노장사상을 비롯한 다양한 영향으로 탄생된 것이 화엄사상이다. 인도불교의 정점을 중관으로 보면 중관에서 이야기하는 것은 단 하나이다. '꿈에서 깨어나라!'라는 일갈이며, 모든 개념에 대한 실존과 집착을 부정한 것이다. 이를 통해 현실을 직시할 수 있게 하는 것이 중관이다. 쉽게 표현해서 우리가 생각하고 개념 지은 이 세상 모든 것은 전부 거짓이라는 뜻이 된다. 하지만 이를 다르게 보면 이 세상 모든 것이 거짓이므로 자성이란 존재 할 수 없고 그저 연기법에 의해 일어난 것이므로 모든 것은 그 시기 상황에 맞춰 쓰임이 있으며 이러한 쓰임 역시 순간순간 변화하므로 거짓이라 규정하는 순간 그것도 거짓이 되어버린다는 뜻이 된다. 이러한 중관사상의 핵심이 중국의 현실긍정사상과 만나 이루어진 것이 화엄사상이다. 모든 것이 전부 거짓이라는 부정의 중관에서 제한적 진실과 제한적 거짓이 혼재하고 있을 뿐이므로 모든 것을 긍정하는 화엄으로 발전한 것이다.

화엄사상의 핵심은 온전한 진실은 존재하지 않는다는 것이다. 이를 반대로 이야기하면 온전한 거짓도 존재하지 않는다는 것이 된다. 즉 제한적 거짓들과 제한적 진실들이 단지 맥락상으로만 드러날 뿐이기에 공한 것이라고 본다. 그렇기에 모든 것을 부정하는 중관에서 모든 것을 긍정하는 화엄이 나오게 된다. 원교일승이라는 말처럼 모든 것은 제한적 진실이며 그렇기에 서로가 서로를 되비추는 상호의존성을 가지고 존재할 수밖에 없음을 이야기하게 된다. 즉 어떤 진실된 무엇이 있는 것이 아니라 제한된 표현들만 있는 것이며 이를 화엄에서는 각각의 법계(法界)라고 칭하였다. 이러한 법계들은 모두 다 자성(自性)이 없기에 걸림이 없게 된다. 다양한 개념이 있어도 그 자성이 없으므로 걸림이 없음을 이야기하며, 이를 무애(無碍)하게 사용할 수 있다는 것을 나타낸다. 그러므로 모든 법계의 원융회통(圓融回通)을 이야기할 수 있는 것이 화엄이다. 중관의 모든 것에 대한 부정에서 화엄의 모든 것에 대한 긍정으로 변화한 것이며 이는 동일한 의미가 된다.

화엄의 원융(圓融)이란 융합과 다르다. 융합이란 어떤 하나의 절대적인 무엇이 모든 것을 포괄하는 것을 말한다. 혹은 전체를 포괄하는 무엇이 있다는 것을 말한다. 하지만 원융은 원만하게 녹여갈 뿐 합치지 않고 그저 범주를 둘 뿐이다. 각각의 법계가 있으며 서로가 서로를 비추기에 자리 할 수 있을 뿐이라고 보며 이 순간 저 순간 범주가 이동하며 일어났다 사라질 뿐이다. 화엄에서는 마하바이로차나를 이야기한다. 이는 대광명을 이야기하며 절대적인 빛의 존재를 말하는 것이 아니라 인드라망에 있는 각각의 수정이 서로를 비추며 거대한 그물을 형성하듯 그러한 원융이 일어나고 그 자체로 그림자가 없이 밝게 빛나는 것을 표현한 것이다. 만일 이를 절대적인 빛으로 이야기하면 자성을 부여한 것이 되면서 개념화되어 반드시 그림자가 생기게 된다. 그렇기에 마하바이로차나는 모든 것을 부정한 마지막 일자를 넘어설 때 드러나게 된다. 이를 화엄법문에서는 사사무애법계(事事無碍法界)라고 표현한다.

화엄의 사법계(四法界)란 사법계(事法界), 이법계(理法界), 이사무애법계(理事無碍法界), 사사무애법계(事事無碍法界)를 나타낸다. 사법계(事法界)란 우리가 살아가는 '속제'의 세상을 나타낸다. 개념 지은 세상으로 무언가로 규정된 것으로 모든 것이 왜곡된 인식주관에 의해 허망 분별 되어 보이는 세상을 의미한다. 내 방에 나무로 만든 의자가 있으면 그것을 내 의자라고 칭한 것이 사법계가 된다. 그리고 그 의자 앞에 자리한 나무로 만든 책상 역시 사법계가 된다. 이법계(理法界)는 '연기

(緣起)'에 의해 모든 것이 하나로 통합되어 나타났을 때 그 통합의 원리인 리(理)를 나타낸다. 이때는 더 이상 의자를 의자라고 부르지 않게 된다. 책상 역시 마찬가지다. 모든 것이 이러한 형상을 가지고 있는 것이지 의자나 책상이나 하는 분별이 의미가 없게 된다. 이사무애법계(理事無碍法界)란 그러한 진리도 결국은 현실을 벗어나는 것이 아니라는 뜻이다. 그렇게 의자를 책상 형태로 쓸 수 있고 책상도 의자나 다른 그 무엇으로 쓸 수 있게 된다. 어떤 하나로 개념 지어 놓은 것에서 자유로워져 각 상황에 맞춰 능동적으로 사용할 수 있게 됨을 나타낸다. 이는 나무로 만들어진 그 무엇이 되기 때문에 때로는 추운 날씨에 난방 재료로 사용 할 수도 있다는 것을 나타낸다.

마지막으로 사사무애법계(事事無碍法界)란 다시 사법계(事法界)로 돌아가는 것을 말한다. 하지만 이전의 사법계와 다르다. 유식사상에서의 원성실성(圓成實性)이 여기서 자연스럽게 이루어지게 된다. 그렇게 개념의 세계에서 현실의 세계로 넘어와 우리가 사는 세상을 있는 그대로 체험하게 된다. 이때 의자는 의자의 쓰임이 있고 책상은 책상의 쓰임이 있게 된다. 하지만 이것을 어떻게 써야 한다고 규정하는 순간 사법계가 되어버리며, 각각은 다양하게 쓸 수 있다가 되면 이법계가 되어 버린다. 책상을 의자로, 의자를 책상으로 자유롭게 쓸 수 있고 그것이 나무이니 땔감으로도 쓸 수 있고 그저 우리가 살아가는 삶 속의 일용사물이라는 큰 범주에서 보게 되면 자유롭고 다양하게 쓸 수 있게 된다고 보면 이사무애법계가 된다. 사사무애법계는 여기서 다시 사법계로 돌아가 의자는 의자로 쓰면 되고 책상은 책상으로 쓰면 된다고 표현하게 된다. 단 의자를 의자라는 개념으로만 단정 짓고 영원히 그렇게 규정하는 것이 아니다. 모든 개념에는 한계가 있지만 그 한계 내에서 진리가 되며 그 한계를 벗어나면 거짓이 된다는 것을 알게 된다. 그렇기에 나무 의자를 학교 교실에서 사용하면 의자가 되지만 소각장에서 사용하면 땔감이 된다는 것을 알게 된다.

이렇게 하나로 규정하지 않고 제한된 진실로 보게 될 때 비로써 그 안에 무수히 많은 모습들이 보이게 된다. 앉는 기능을 가진 의자라는 것이 나오기 위해 나무, 목수, 톱, 망치, 디자이너, 유통업자들의 기능이 들어가 있으며 최종적으로 눈앞에 의자라고 칭하는 것이 있을 뿐이라고 보는 것이다. 한 사물을 개별적인 특성을 가진 어떤 한 사물로 본다면 그것은 사법계이다. 하지만 이와 같이 자성이 없음을 알고 바라보면 그 사물이 나오기 위해 무수히 많은 사물이 작용했음을 알게 된다. 그렇기에 그 사물 안에는 무수히 많은 사물이 담겨 있으며 무수히 많은 사물 안에 그 사물이 담겨 있게 된다. 이것이 화엄경에서 "부처님의 털구멍 하나하나마다 삼천대천세계가 하나씩 들어있고, 그 안의 각 세계마다 부처님이 설법을 하고 계시다."라고 표현한 것과 같은 것이 된다. 실제 포도주 한 잔이 나오기 위해서는 농장에서 일하는 농부와 수확하는 사람, 운송하는 사람과 공장에서 포도주를 만드는 사람, 이것을 유통시켜 판매하는 사람, 각 병을 만들기 위해 그 병 안에 존재하는 모든 과정에 개입된 사람과 그 하나하나의 재료에 개입된 모든 사람이 있었기에 내 눈앞에 포도주가 놓여 질 수 있었던 것이다. 이러한 모습이 일즉다 다즉일로 펼쳐지는 법계를 나타내며 이를 사사무애법계라고 한다.

이러한 사사무애법계를 청정법계라고 한다. 그 어디에도 걸림이 없으며 모든 것은 제한적 진실이라는 것을 알기에 어떤 한 대상을 개념화하여 고착시키지 않고 시기 상황에 맞춰 모든 것을 사용할 수 있게 된다. '나'라는 개념조차도 한 가지 모습에 고착된 것이 아니라 무수히 많은 시기 상황에 맞춰 다양한 모습이 있음을 알기에 그에 맞춰 움직일 수 있게 되는 것이다. 그렇기에 '반드시 무엇을 해야 한다'라거나 '마땅히 뭐가 어떻게 되어야 하는 것'이라는 규정도 없으며 매 순간순간 내가 해야 할 일에 충실하며 세상이라는 거대한 파도를 타고 나가는 모습이 된다. 그렇게 청정법계에 나를 열어 놓으면 우필차에 의해 모든 것이 저절로 이루어지기에 애씀 없이 그저 행하게 되며 이러한 실천이 마하바이로차나의 모습으로 무수지수의 광명대수인은 이때 이루어진다. 그리고 그 순간 그 속에서 드러나는 나라는 흐름은 잡스러운 들꽃에 불과한 내 마음이 최상의 진리를 드러내는 잡화엄식(雜華嚴飾)이 된다.

3) 동산법문

상좌부 불교로 알려진 소승불교는 점법으로 분류가 된다. 그 이유는 소승불교는 법(다르마, 존재)을 철저하게 분해하여 그 존재 속에 무아를 확인하는 과정이다. 그렇기에 일반인들은 범접할 수 없는 수준의 교학을 연구하고 수행해야 함을 나타낸다. 그에 반해 결과로서의 마음챙김을 이야기하는 계통이 있다. 계정혜 중에서 계는 현대적으로 표현하면 순한 삶이 된다. 그러므로 순한 삶을 살면 입정을 하고 출정을 하는 선정에 들게 된다. 선정에 들었다 나오면 정신력이 강화되어 매 순간 일어나는 경험들을 미세한 수준에서 이해하는 지혜가 생긴다. 이러한 이해력의 요령으로 더 순한 삶을 살아갈 수 있게 되며 이렇게 점진적으로 닦아 나가는 계통도 있다. 하지만 어느 쪽이든 일반인들은 수천 생을 살아야만 부처님의 법을 만나 저러한 수행을 할 수 있게 된다. 그리고 저렇게 결과로서의 마음챙김을 행해서 수백 생을 닦아야 예류에 들게 된다. 예류에 들어야 다음 생에 태어나도 순한 삶이 이어지며 수행을 해나갈 수 있게 된다. 물론 이렇게 수백 수천 생을 다시 지내야 하기에 점법이라 표현한 것이다.

이러한 점법에 대해 돈법을 들고 나선 것이 대승불교이다. 대승불교에서는 마음으로 대상인 법을 챙겨서 깊이 관찰할 필요가 없다고 말한다. 마음을 살펴서 마음을 일으킴이 없으면 그것으로 선정삼매라고 말한다. 그렇기에 소승의 선정삼매는 움직일 수 없지만, 대승의 선정삼매는 행주좌와 어묵동정 모든 것을 하며 그 안에서 이루어진다고 표현한다. 이렇게 소승불교의 점법에 대해 반발하여 나온 것이 대승불교의 돈법이며 점법의 법유아공에 대한 반박으로 일어나 원시불교의 모습을 다시 찾고자 했던 것이 대승 돈법의 내용이다. 그리고 이러한 대승불교의 가르침은 다양한 대승 경전들로 드러나게 되었고, 그중 특정 경전을 가장 높은 가르침이라고 보는 종파가 다양하게 나오게 된다. 화엄경을 소의로 하면 화엄종이고 법화경을 소의로 하면 법화종이다. 그리고 이러한 경전 중 능가경을 소의로 하는 능가종이 있었다.

능가종은 능가경을 소의로 하고 있으며, 돈황에서 발굴된 자료에 의하면 네 권의 능가경을 번역한 것으로 알려진 구니발타라 삼장을 능가종의 초조로 하고 있다. 2조는 달마대사로 보고 있으며 이러한 능가종의 스님들을 능가사라 부른다. 능가종의 특징은 능가경을 공부한 후에 거기서 얻은 통찰을 지사이문 또는 지사문의로 체험시켜주는 과정을 거친다. 지사이문은 질문으로 일(事=氣)을 가리킨다는 것이며, 지사문의는 일(事=氣)을 가리켜 뜻을 묻는다는 의미가 된다.

구나발다라 삼장은 달마 조사께 다음과 같은 질문을 한다.

"네가 능히 물병에 들어갈 수 있고, 기둥에 들어갈 수 있으며, 불구덩이에 들어갈 수 있다. 그러면 나무 지팡이가 설법을 할 수 있는가? 없는가?"

이는 현재 간화선의 공안화두와 거의 같다. 간화선의 공안화두는 지사이문 또는 지사문의만 별도로 떼어낸 것에 불과하다. 그렇기에 능가사란 한손에는 능가경을 다른 한손에는 지사이문을 들고 수행을 하는 이들이며, 교선의 대립이 아닌 교종의 한 갈래였다. 단지 특이한 점검법을 가졌던 것이다. 이러한 지사문의로 경전의 돈법을 실천적인 돈법으로 이루었던 것이다. 이러한 전승은 꾸준히 내려오다가 선종으로는 5조 능가종으로는 6조인 홍인 대사에 이르게 된다.

동산법문이란 선종으로는 4조 능가종으로는 5조인 도신 대사와 그 제자인 홍인 대사가 펼친 법문을 뜻하며 염불묵조를 나타내는 염불선(念佛禪)을 이야기한다. 이러한 염불선은 무수지수의 법문으로 신수 대사에게 전해진 돈법의 가르침이지 흔히 알려진 칭명염불을 나타내는 것이 아니다. 홍인 대사에게는 가장 뛰어난 10명의 제자가 있었다. 돈황본 능가사자기에는 신수 대사를 가장 뛰어난 제자로 말하고 있으며 혜능 선사에 대해서는 능히 사람들의 스승이 될 수 있으나 한쪽 방면으로 편향되었다고 표현하고 있다. 능가사자기는 육조단경보다 일찍 집필 제작된 것으로 여기에는 남북양종의 구분이 없다. 구분할 이유가 없던 것이 능가사는 능가경과 지사이문으로 염불선을 하는 스님들은 모두 능가사로 보았기 때문이다. 특히 신수 대사의 경우 측천무후를 비롯한 중국의 3대 황제로부터 황제의 스승이라 칭해지며 명실공히 달마선 6조, 능가종 7조로 모두에게 인정받는 상황이었다. 그리고 그 다음 대는 신수 대사의 제자인 보적 선사가 있었다. 그렇기에 능가종의 정맥은 '구마라발타 → 달마 → 혜가 → 승찬 → 도신 → 홍인 → 신수 → 보적'으로 이어지게 된다.

　신수 대사는 학식이 깊고 귀족적인 품격을 갖춘 분이었으나 혜능은 학식이 깊지 않았고 글도 잘 모르는 분이었다고 전해진다. 하지만 능가경은 어려운 경전이었기에 설법이 쉽지 않았을 것으로 보인다. 그래서 혜능 선사 계통에서는 소의를 금강경으로 하며 금강종이 나오게 된다. 혜능 선사의 제자 중 하택신회 선사가 지은 책이 육조단경이다. 이때부터 남북양종에 대한 분리가 이루어지며 선종의 분류로 5조 홍인, 6조 신수, 7조 보적 선사로 이어지는 맥이 6조 혜능, 7조 하택신회로 이어지게 된다. 하지만 돈황본 육조단경에서는 6조 신수, 7조 보적 선사로 보고 있다. 그리고 실제 혜능 대사의 의발은 남악 회양과 청원 행사로 이어지게 된다. 남악 회양의 선법은 마조 도일에게 전해지고 다시 백장 회해로 전해졌고, 청원 행사의 선법은 석두 희천으로 전해지게 된다.

　육조단경의 가르침을 보면 신수 대사의 가르침과 그리 달라지는 것이 없다. 신수 대사의 가르침을 이은 마하연 선사의 '간심 - 불사 - 불관 - 불행'은 육조단경에서 '식심 - 무념 - 무상 - 무주'로 표현된다. 이를 정리하면 다음과 같다.

　　　　　　간심 = 식심
　　　　　　불사 = 무상

> 불관 = 무념
> 불행 = 무주

실제 혜능 대사로부터 법을 물려받은 청원 행사의 선법은 석두 희천에게 전해졌는데, 석두 희천의 남긴 참동계라는 저서에는 신수 대사의 선법과 혜능 선사의 선법이 같은 것임을 설파하고 있다. 불사불관이 무념무상임을 말하고 있으며, 이러한 석두 희천의 정법은 운문종과 조동종으로 이어지게 된다.

이 모든 과정을 꿰뚫는 것이 바로 염불이다. 염불은 우리가 흔히 알고 있는 부처님의 명호를 외우는 것을 말하지 않는다. 염불은 부처를 생각한다는 것으로 염불은 염불심이고 불심은 무심이라는 것이다. 그래서 간심 또는 식심을 해서 무심인지를 확인하는데 무심은 불사불관이며 무념무상이 된다. 그리고 이때 무념은 사띠, 즉 마음챙김을 하지 않는다는 것을 나타내며 이러한 무념이 불관이 된다.

마음챙김조차도 마음을 일으키는 것이기에 마음챙김인 사띠를 하지 않는 것이 무념이고 불관인 것이다. 무심은 그치는 것이며 무념무상과 불사불관은 마음을 그치는 것이고 이를 통해 지사이문 또는 지사문의로 일어나는 일들의 찬란함으로 정토에 드는 것이 동산법문의 가르침이다. 이렇게 모든 일들은 찬란한 정토일 뿐이라는 것은 내가 마음을 일으켜서 오염시키지 않았기에 그러한 것이다. 이렇게 마음을 일으키지 않기에 세상을 오염시키지 않게 된다. 내 마음이 시비분별로 세상을 오염시키지 않기에 세상의 일들이 이미 스스로 생명 넘치도록 하는 것이며 세상의 일들이 작용이므로 이는 작용선으로 이어지게 된다.

4) 칭명염불

염불선이란 염불묵조를 나타내며 이는 동산법문의 가르침이며 능가경에 대한 이해를 기반으로 한다. 염불선은 불염으로 염불을 하는 것이다. 즉 마음으로 대상을 챙기는 사띠에 대해서 반박한 것이며 사띠를 하지 않기에 부처를 사띠하게 되는 것을 말한다. 즉 염불이란 염불심으로 불심을 염하며 이러한 분신은 무심을 말하고 무심을 챙기는 것이 염불이며 이때 챙기는 것도 무언가를 하는 것이므로 무심이 되지 못해서 염불은 무념인 것이다. 무념은 무상과 짝이 되며 무상의 대표는 네 가지 믿음이 없다는 것을 나타낸다. 네 가지 믿음이란 '참된 실체', '윤회를 넘어 존재하는 기억', '실존과 현존', '불멸의 영혼'을 나타낸다. 이것을 비롯해서 작위가 사라진 상태로 세상이 있는 그대로의 생명을 드러낼 때 청정법계가 펼쳐지며 이것을 신비로움이라 말한다. 이러한 염불선의 가르침은 앞서 동산법문에서 자세히 설명하였다.

칭명염불이란 염불선에 대한 민중의 오해로 정토신왕과 결합해 탄생된 수행법이다. 그러면서 독자적인 염불삼매의 길을 제시하며 3가지 염불수행으로 전해지게 된다. 우선 칭명염불은 동일 문구를 반복적으로 외우는 것으로 마음의 평정을 유도하는 것이다. 수행자의 마음이 정토법문을 믿음으로써 마음이 평화를 얻게 되고 안정을 얻었기에 우필차가 일어나게 된다. 그렇게 평화로움 속에서 천지자연에 나를 열어놓으면 우필차에 의해 점점 맑아져 가게 된다. 이것이 칭명염불의 가장 수승한 수행법이자 상품의 얻음이 된다. 다음으로 반복적으로 문구를 외우는 것으로 지관쌍수를 이루게 된다. 이는 내가 발성하는 염불소리를 듣는 것과 내는 것을 모두 챙기는 것으로 염불에 대한 행위에 몰입하는 것으로 계연지와 실관이 된다. 그리고 이를 듣는 나 자신을 찾고 그를 관하는 것으로써 제심지와 득해관을 이루게 된다. 그렇게 지관쌍수를 행하면서 자연스럽게 방편수연지와 가관이 일어나며 우필차가 발생하게 되고 거기에 풀어 놓음으로써 점점 맑아져 가게 된다. 이것이 칭명염불로 선정에 들어 우필차에 의해 맑아져 나가는 길로 중품의 얻음이 된다. 마지막으로 하품의 염불이 있다. 이는 정토왕생 하는 것을 나타내며 바라고 기원하는 것이 된다. 이상의 염불 수행의 3가지 길을 정리하면 다음과 같이 된다.

순수한 정토와 아미타불에 대한 믿음으로
지금 이 순간 마음의 평화를 얻는 길
칭명염불을 하는 선정력으로 마음의 평화를 얻는 길
칭명염불의 공덕으로 죽음 후의 왕생을 추구하는 길

첫 번째와 두 번째는 마음의 평화를 얻고 그로써 선정에 들게 되며 우필차가 일어나며 아무런 닦음 없는 닦음이 일어나게 되며 점차로 맑아져 가게 되는 것이다. 하지만 대다수 염불 수행이라고 하면 첫 번째와 두 번째가 아닌 세 번째를 떠올리는 경우가 많다. 죽기 직전에 단 한 번이라도 아미타불을 외우면 그 공덕으로 정토에 태어난다 함은 실제로는 첫 번째를 말함이다. 하지만 세간에서는 많은 경우 가장 마지막 세 번째 길로 여기고 있다.

5) 조계선법 (보림을 위한 전행)

동산법문에서 설명한 깃과 같이 능가종의 정맥은 '구마라발타 → 달마 → 혜가 → 승찬 → 도신 → 홍인 → 신수 → 보적'으로 이어지게 된다. 그리고 여기까지를 순선(純禪)의 시대로 보고 있다. 현재 알려진 선종에서는 달마 대사를 초조로 보며 4조 도신 대사, 5조 홍인 대사로 보고 있다. 그리고 6조는 본래 신수 대사이지만, 선종에서는 6조를 혜능 선사로 보고 있다. 그리고 혜능 선사는 어려운 능가경 대신 보다 쉬운 금강경을 소의 경전으로 삼게 되면서 금강종이 탄생된다. 신수 대사의 선법은 북종선으로 전해지며 혜능 선사의 선법은 남종선으로 전해지게 된다. 그리고 남종선에서는 간화선과 묵조선이 나오게 된다.

남종선에서 발생한 선종오가 중 현재까지 크게 전해지고 있는 것은 임제종과 조동종이다. 임제종은 간화선으로 수행을 하며 조동종은 묵조선으로 수행을 한다. 간화선에서는 묵묵히 내면을 비추는 묵조선은 결국 완공에 떨어진다고 비난하며 삿된 선이라고 비판하고 있다. 하지만 실제 묵조선은 이미 종용록의 공안을 타파한 후에 행하는 것이다. 임제종의 벽암록은 선기가 숨이 턱 막히는 것이라면 조동종의 종용록의 선기는 숨이 멈추는 것이 된다. 이처럼 종용록의 공안은 깔끔하게 이루어지며 고요함 속에서 염불을 행할 뿐으로 드러난다. 그렇기에 조동종에서는 오히려 임제종의 간화선을 비판하고 있다. 이미 마음이 그치면 세상이 맑고 깨끗한 정토인데 공안 화두라는 마음을 내어서 정토를 공안 화두로 오염시켜 예토로 만드는 것이라 평가하게 된다.

실제 혜능 선사의 선법은 남악회양과 청원행사로 이어지게 되었고, 남악회양의 선법은 마조도일에게 전해지게 된다. 마조도일의 선법은 후일 임제종이 되었다. 그리고 혜능 선사의 제자 중에는 하택신회도 있었다. 하택신회는 혜능 만년의 입실제자이며 육조단경을 지은이다. 또한 신수의 북종과 혜능의 남종을 양분시켰으며, '남능돈종(南能頓宗) 북수점교(北秀漸敎)'라고 해서 '남돈북점(南頓北漸)'이란 역사적 명칭을 탄생시키기도 하였다. 실제 육조단경의 초반에는 신수 대사에 대한 의도적인 비판이 담겨 있으며 신수는 점법, 혜능은 돈법을 전한다고 하며 신수의 선법을 비판하였다. 하지만 이 역시 남종선이 북종선보다 더욱 뛰어나다고 주장하기 위해 의도적으로 왜곡시킨 내용임으로 밝혀지고 있다.

혜능 선사의 선법

혜능 선사의 선법은 청원행사에게도 전해졌으며 그 제자인 석두희천에게로 전해져 후일 운문종과 조동종이 탄생하게 된다. 석두희천과 마조도일을 비교한 이야기에서 석두희천은 진품 황금을 파는 가게이고 마조도일은 잡화를 파는 가게라는 말이 있을 정도이다. 그렇기에 홍인 대사로부터 전해진 혜능 선사의 선법은 석두희천에게 전해진 것으로 보인다. 석두희천은 참동계를 남겼는데 그 안에는 신수 대사의 선법과 혜능 선사의 선법이 같은 것임을 설파하고 있다. 이러한 선법의 핵심은 염불이며 염불은 염불심이고 불심은 무심이므로 간심 또는 식심을 해서 무심인지를 확인하는데 무심은 불사불관이며 무념무상이 된다. 그리고 이러한 선법은 조동종으로 이어진다.

이렇듯 혜능의 선법은 현재 가장 유명한 임제종의 간화선과 조동종의 묵조선을 탄생시키게 되었다. 두 가지 모두 지사이문을 통해 마음을 간하는 마음을 돌아보며 그것이 불사불관의 자유로운 마음인지를 살피게 된다. 이러한 지사이문을 공안화두로 전개 시킨 것이 남종선으로 칭해지는 혜능선법이며, 혜능의 법호가 '조계'였기에 '조계선법'으로 칭해진다.

혜능의 조계선법은 두 가지 흐름을 가지게 된다. 하나는 달마선의 정통을 받은 북종선의 간심무수선을 이은 조동종의 묵조선이 있다. 그리고 다른 하나는 금강경과 공안을 중심으로 화두를 들게 하여 깨치는 임제종의 간화선이 있다. 조동종의 묵조선은 북종선과 같기에 조계선법 특유의 가르침이라고 보기 힘들다. 홍인 대사로부터 전해진 달마선이 이어진 것으로 보는 것이 좋으며 실제 북종선의 선법과 동일하다. 달마 조사로부터 이어져 내려오는 정통선맥에서는 공안이 아닌 경전으로 화두를 내었다. 화두로 그 이심사행이 올바름이 확인이 되면 무수무증의 묵조로 나아갈 수밖에 없게 되며 이렇게 전승된 것이 묵조선이다. 하지만 만일 화두로 이심사행이 올바르지 않으면 그 풀리지 않은 것을 의심하는 마음으로 행하는 간화선으로 들어가야 한다. 즉 간화선이란 지사이문이나 화두로 불사불관이 되지 못하는 거친 마음의 소유자에게 사용되는 수행법이다. 이렇게 임제종의 간화선은 금강경과 공안을 중심으로 화두를 들어 참구하고 타파하는 것으로 혜능으로부터 전해진 조계선법의 특징이 된다. 그리고 이러한 간화선은 임제 선사에 의해 정립되며 임제종 양가파의 대혜종고 선사에 의해 다시 정리되어 널리 알려지게 된다.

묵조선과 간화선

본래 대승돈법은 먼저 깨달은 후에 수행이 일어나는 선오후수를 말한다. 이에 대해 묵조선에서는 오직 부처님이 할 만한 일을 하는 것이 좌선이라 하고 있다. 그렇기에 이미 불사불관으로 간심을 해서 마음이 자유롭게 되면 염불을 하지 않기에 염불이 되는 불행무수가 된다. 여기서는 우선 대승경전으로 마음의 모습이 불사불관이어야 함을 배운다. 그리고 진짜로 그렇게 되었는지를 선지식에게 시험을 받는데 이것이 선문답이며 주로 지사이문으로 행한다. 지사이문은 질문으로 일어나는 일들을 가리키는 것이다.

비슷한 것에 직지인심이라는 것이 있는데, 바르게 사람의 마음을 가리킨다는 것이다. 이는 사람의 마음이 곧 일어나는 일들이라는 것이 된다. 그리고 일어나는 일들이라는 것이 기운이라고 했으니 사람의 마음이 곧 기운이라 하며, 기운이란 형의 전변이나 가짜들이 가짜들로 계속 변하는 과정이 사람의 진실된 마음인 화엄이 된다. 그렇기에 지사이문은 일어나는 일을 가리키는 질문이고, 이 질문으로 상대방이 말과 글의 이해에 빠져 있지 않은지를 보게 된다. 더 간단하게는 상대가 내향내주에 빠지지 않았는지를 확인하는 것이다. 이는 내향내주라는 내면에 침잠하지 않도록 하는 것이 진여에 드는 방법이며, 내면에서 벗어나 생생활활한 대기운화에 있는 것을 질문으로써 드러내는 것이 지사이문이며 직지인심인 것이다.

마음이란 이렇게 우리의 삶 속에 있는 것이지 내면에는 존재하지 않는다. 그렇기에 우리의 삶 속에서 마음이 없는 곳에 마음이 있기에 무심이며, 무심이기에 모든 것을 만드는 것이 마음인 일체유심조가 된다. 그러므로 내가 내 마음이라 여기는 마음은 일체를 만드는 마음이 아니라 개념적으로 나타난 가짜 마음들 중 한 가지에 고착된 것이 된다.

  그렇기에 묵조선에서는 내가 지금 여기에서 즐겁고 만족스럽게 대상과 함께하면서 고요하고 평화롭게 앉아 있을 수 있는 것을 좌선이라고 하였다. 그리고 그것이 가능하면 그 순간 이미 견성을 한 것이고 성불을 한 것이며, 그렇기에 부처님을 사띠하는 염불이 된다. 염불이 되면 더 이상 닦을 것이 없는 무수이며 무수기에 그저 되비치는 묵조가 있을 뿐이 된다. 내가 체크해야 하는 것은 간심이며 내 마음이 그쳐서 더 이상 나아가지 않고 머무르려 하게 하면 된다. 그러면 신령스러운 영지가 이러한 비어있는 고요함 속에서 일어나게 된다.

  하지만 정말로 근기가 좋지 못하면 끝까지 논리적 사변적 답을 추구하게 된다. 그래서 나온 것이 간화선이다. 즉 마음이 순하고 자량이 풍부하면 경을 읽고 바로 이해하고, 바른 선지식에게 즉시로 인가를 받아 염불묵조의 돈오돈수에 들게 된다. 하지만 그렇지 못하면 방편으로 간화선을 하게 된다. 이는 말을 참관하는 것으로 화두(話頭)란 이 말의 첫마디로 말이 막혀서 말머리가 나오다 마는 상태를 화두(말머리)라고 하는 것이다. 그러므로 지사이문으로 말이 막혔을 때 그때를 참관하는 것이 간화선이 된다. 이와 같이 간화선은 깨닫기 전의 수행일 뿐이며 기초 과정에 드는 것이지 이것으로 대오에 들지 못하기에 보림을 위한 전행이라고 한 것이다.

공안과 화두

간화선은 오직 화두를 간하는 것을 말한다. 화두란 공안으로 말문이 막혔을 때를 나타낸다. 그러므로 우선 공안과 화두가 어떤 것인지를 살펴봐야 한다. 아래 문답을 보면 그에 대해 좀 더 자세히 알 수 있을 것이다.

[A]

단하 스님이 어떤 승려에게 물었다.
"어느 곳에서 왔습니까?"
그 승려가 "산 아래서 왔습니다."라고 대답했다.
단하 스님이 다시 "밥은 먹었습니까?" 물었다.
그러자 그 승려는 "먹었습니다."라고 대답하였다.
단하 스님은 "밥을 가져다 그대에게 밥을 준 그 사람은 눈을 갖추었습니까?" 묻자, 그 승려는 말문이 막혔다.

[B]

장경 스님이 보복 스님에게 물었다.
"밥을 가져다 먹인 것은 보은이 있는데, 어찌하여 눈이 없다고 했을까?"
보복 스님이 "주는 사람이나 받는 사람이나 모두 애꾸눈이다."라고 대답하였다.

장경 스님이 "그 기틀을 다했어도 애꾸눈이었을까?"라고 반문하였다.

보복 스님이 "나를 애꾸눈이라고 말할 수 있을까?"라고 대답했다.

[C]

장경 스님과 보복 스님은 설봉 스님의 문하에서 고인의 공안을 들어서 자주 논의하였다.

장경 스님이 보복 스님에게 물었던, "밥을 가져다 그 사람에게 주어서 보은이 있는데 어찌하여 눈이 없다고 했을까?" 하는 것은 필히 공안의 일을 묻는 것이 아니라, 이 말을 빌려서 화두를 만들어 보복이 체득한 당처를 시험하고자 했다.

보복 스님이 "주는 자나 받는 자나 모두 애꾸눈이다." 대답하였는데 이것은 통쾌한 대답이다. 다만 기틀에 당면한 일만을 논의하였는데 이것이 우리 가문에 있는 출신의 길이다.

여기서 A는 공안이고 B는 화두이며 C는 해설이 된다. 이와 같이 공안은 말문이 막히는 순간의 질문이며, 화두는 그 말문이 막히는 것에 대한 의문을 나타낸다. 공안을 통해 "왜 그렇게 말했을까?"라고 하는 의문이 들게 하는 말 자체가 화두가 되는 것이다. 그러므로 간화선은 다음의 기본 구조를 가지고 있다.

1) 공안을 정하고 그것을 반복해서 스스로에게 말하기
2) 공안 화두의 답을 생각하기

3) 궁금한 느낌(의정)에 깊이 들어가서 오직 의정만 남도록 하기

　이상의 세 가지를 하면서 선지식과 대화를 하면 선지식의 지사이문에 마음이 열리게 된다. 하지만 간화선을 할 정도라면 자사이문에 마음이 쉽게 열리지 않았다는 뜻이 된다. 그렇기에 화두를 들면서 의정에 깊이 빠져드는 것이며, 이는 꽤 깊은 수준의 몰입을 일으킨다.

　간화선을 대표하는 임제종 양가파의 전통에서는 조주 선사의 '무(無)'자 화두가 기본이 된다.

　한 스님이 조주 선사께 개에게도 불성이 있는가를 물었다.
　그러자 조주 선사는 무(無:없다)라고 대답하였다.

　여기서 "부처님은 모든 존재에게 불성이 있다고 했는데, 왜 조주 선사는 불성이 없다고 했을까?"를 궁금해하면 이를 '공안선'이라고 한다. 이는 위의 전체 문답을 가지고 의심을 일으키는 것이기 때문이다. 하지만 대혜종고 스님은 이를 문자선 만큼이나 어리석은 삿된 선이라고 보았다. 그래서 간화선에서는 오직 '무(無)'를 들게 된다. 여기서 의심을 해야 할 대상은 "없다는 것이 무엇인가?"가 된다.

　화두에는 여러 의미가 있는데 원인으로의 화두는 공안 중에서 한 단어의 의문점을 뽑는다는 것이 있고, 결과로의 화두는 말의 머리가 나

타나기 직전의 바로 찰라지간을 의미한다. 그러므로 일단 시작은 공안 중에서 핵심어를 찾아서 화두로 삼는 것이 중요하다. 선지식은 이렇게 제자가 가장 쉽게 의정을 일으킬 주제를 선별해서 주는 것이 중요한 부분이 된다.

간화선의 문법

공안 화두는 지사이문이라는 것을 언어로써 표현한 것이 된다. 이러한 공안 화두를 가장 잘 정리한 것은 황룡삼관이며, 이는 다음과 같다.

생연 : 사람마다 모두 태어난 인연이 있다. 그대가 태어난 인연은 무엇인가?
불수 : 내 손은 왜 부처님 손과 닮았는가?
여각 : 내 다리는 왜 나귀의 다리와 닮았는가?

생연은 태어난 인연이라는 가상적 개념이자 생각을 말한다. 이 세상에 태어난 인연이라는 것은 없다. 그는 단지 개념일 뿐이다. 그렇기에 이런 것은 그냥 바닥을 한 번 "쿵!"하고 치는 것이 답이 된다.

불수는 반은 가상적 개념이자 생각이고 반은 현실과 사실이다. 내 손이라는 것은 현실과 사실이고 부처님 손이라는 것은 가상적 개념이

자 생각이다. 그렇기에 이것의 답은 현실과 사실을 존중하고 가상적 개념은 무시하면 된다. 그러므로 "손 위에 장미를 들었으니 그렇겠지요!"라고 하면 답이 된다. 손은 존중하고 부처는 장미로 바꾸어도 변한 것이 없기 때문이다.

여각은 두 가지를 모두 바꿀 수 없는 현실과 사실이다. 내 다리도 현실이며 나귀의 다리도 현실이다. 그렇기에 일어나서 천천히 걸어 나오면 된다. 다리가 하는 '일(事)'은 걷는 것이기 때문이다. 그렇기에 걸어서 나오는 것으로 답을 하게 된다.

조주 선사의 '무(無)'자 화두 역시 마찬가지다. "부처님께서는 세상 만물에 불성이 있다고 했습니다. 그러면 개에게도 불성이 있습니까?"라는 질문에 조주 선사는 "없다(無)."라고 답했다. 부처님과 세상 만물과 불성은 모두 가상적 개념이다. 하지만 개는 현실이고 사실이다. 그렇기에 지금 조주 선사 앞에 개가 없기에 없다고 한 것이다.

이렇게 진리나 형이상학을 버리는 것을 말한다. 그것은 대체 가능한 것이며 무상한 것에 불과하다. 하지만 우리 앞에 작용하는 살아서 펄펄 뛰는 이 현실은 사실이며, 그러한 현실만을 경험하고 음미하는 것이 지사이문이다. 질문으로 지금 여기서 일어나는 일을 가리키는 것이다. 머릿속에서 일어나는 생각과 감정을 그치고 깊은 고통을 음미하는 것에서 영성스러운 지혜가 일어나는 것이 선(禪)이 된다.

황룡삼관은 생연, 불수, 여각이며 이것이 간화선의 문법이 된다고 했다. 생연은 두 단락이 모두 형이상학에 대한 것이다. 불수는 한 단락은 형이상학이고 다른 단락은 일용사물이 된다. 여각은 두 단락 모두 일용사물이 된다. 간화선의 원류는 지사이문 또는 지사문의가 된다. 질문으로 일용사물을 가리킨다는 뜻이다. 도는 일용사물을 가리켜서 뜻을 묻는다는 의미가 된다. 그렇기에 형이상학에 미혹된 마음을 일용사물로 옮기는 것이 생연과 불수와 여각이 되는 것이다.

간화선과 방하착

이렇게 화두를 깨치게 되면 그 순간 머릿속에 그려진 가상의 세계에서 실제 내가 체험하는 현실의 세계로 나오게 된다. 하지만 이는 화두 참구를 통해 깨달음에 대해 이야기 하게 되며, 깨달은 자와 깨닫지 못한 자의 성속의 골을 깊게 하는 폐단을 낳았다.

그리고 간화선을 재창한 대혜종고 선사는 달마선에서 마음을 간하는 마음을 돌아보고 그것이 불사불관의 자유로운 마음인지를 테스트하는 지사이문만을 중시하게 된다. 다만 지사이문의 질문법이 일을 가리키는 것인데, 이것을 마음을 가리키는 것으로 바꾸게 된다. 그로써 지사이문에서 지심이문으로 바뀌게 된다. 이로 인해 선종 말류는 힌두 베단타의 방계에 불과하다는 지적을 받게 된다. 마음의 절대화로 오히려 마음을 형이상학으로 바꾸어 버린 것이다.

　본래 달마조사의 가르침은 불이론의 진리의 세계와 현실의 세계가 하나라는 것에서 진리의 세계가 가짜이고 현실의 세계가 진짜라는 것을 이야기한다. 하지만 힌두 베단타의 불이론은 신과 세상이 하나인데 신이 진실이고 세상이 가짜라고 하는 것이다. 대혜종고의 간화선의 불이론은 마음과 세상이 하나인데 마음이 진실이고 세상이 가짜라고 하는 것으로 힌두 베단타의 관점과 동일하게 되었다.

　본래 간화선은 자신의 마음을 화두로 시시각각 체크하라는 것이다. 그를 위해 신심과 분심이 필요한 것이고 이를 바탕으로 하는 의심으로 자신을 다스리는 것을 나타낸다. 하지민 마음을 중시하다 보니 일심, 한마음을 이야기하게 되면서 화두를 깨쳐 한마음을 체험한 그 상태에 자성을 부여하기 쉬운 상태가 되어버린 것이다. 이는 깨달은 상태에 자성을 부여하는 것으로 유상유식과 같아지게 된다.

　간화선에서는 신심과 분심에 의해 화두를 깊이 탐구하여 몰입하다가 어느 순간에 그것이 툭 하고 풀리면서 마음이 열리고 끝없는 광활함을 체험하게 된다. 화두에 대한 의심(의정)이 있고 그것을 계속 품고 있게 하는 것이 바로 신심이다. 분명 무언가 답이 있을 것이라는 마음이 있기에 그러한 의정을 계속 유지할 수 있는 것이다. 그렇게 계속 의정을 들고 있다 보면 점차 이것이 풀리지 않는 것에 대해 억울한 마음이 들게 된다. "남들은 다 푸는데 나만 못 풀어!?" 하는 마음처럼 분한 마음이 들게 되는데 이것이 분심이다. 분심은 의정을 더욱 확고한 의단으로 만들어 버린다. 물론 여기에는 분명 답이 있다는 신심이 있기에 이를 계속 들고 있을 수 있게 된다. 그러다 어느 순간 화두가 확! 풀어져 버리며 마음이 열리며 광활한 우주를 체험하게 되는 것이다. 이때 일심(一心)이라는 한마음을 체험하게 된다.

이는 자신의 수행력으로 심층을 꿰뚫었기에 일심 혹은 한마음이라는 것을 체험하게 되는 것이며 그것 자체로 선정삼매에 들게 되기도 한다. 그리고 이는 실주대수인의 일미(一味)와 같은 상태이기도 하다. 주의해야 할 것은 이렇게 화두를 깨친 상태에 자성을 부여하기 쉽게 된다는 것이다. 그렇기에 화두를 깨친 순간 현실로 돌아 나온 그 평화로운 상태에서 청정법계 속에 모든 것을 풀어 놓아야 하며 이를 방하착이라 한다. 천지자연 속에서 우필차에 의해 중도로 나아가게 되므로 우필차에 맡기고 밥 짓고 빨래하는 세상으로 나오는 것이다. 이는 십우도의 가장 마지막처럼 저잣거리에 나와 활동하는 것으로 드러나게 된다.

6) 대행선법

대행선법은 대행 선사의 수행법으로 3단계로 구성이 된다. '믿음(신심), 놓음(방하착), 바라보기(관법)'가 그것이다. 첫 번째 단계인 믿음이라는 것은 인간에게는 불성이 있으며 이는 한마음인데, 한마음은 우주를 만들어내는 초월적인 그 무엇으로 나타내며, 각 개인의 내면에 자리한 주인공은 초월적 실체인 한마음의 인격적 측면으로 개인이 우주적 실체인 한마음에 연결되는 그 무엇이라는 것을 이해하는 것과 같다. 이는 견지, 수증, 행원, 증과의 단계에서 견지에 해당 되는 내용이며 이를 체험하는 것이 대행선법이다.

한마음이란 불성을 나타내며 우리가 체험하는 천지자연을 구성하는 그 무엇으로 이해하기 쉽다. 그렇기에 이는 유식무경의 유상유식처럼 오직 식만이 존재할 뿐이므로 이 식에 따라 전혀 다른 세계를 체험할 수 있음을 이야기한다. 여기서 나오는 주인공이란 이런 한마음이라는 거대한 프로세스에 접근할 수 있는 각 개인의 소프트웨어와 같은 것으로 본다. 인터넷이라는 거대한 세계가 있다면 익스플로러 또는 크롬이라는 소프트웨어가 있기에 그 세계에 개인이 접속할 수 있는 것과 같은 의미로 사용된다.

대행선법의 초기에는 이러한 주인공을 주인공(主人公)이라고 하여 실제 자성을 갖춘 개별적인 어떤 존재로 여겼다. 하지만 후일 이 부분을 주인공(主人空)으로 놓고 자성이 존재하지 않은 것으로 변경하였다. 이러한 주인공의 자리는 본래 비어 있기에 때에 따라서 다보여래가 되기도 하고 지장보살이 되기도 하며 관세음보살이나 문수보살 또는 보현보살이 되기도 한다. 또한 신장이 되기도 하므로 주인공은 무엇이든 될 수 있다고 보았다. 이렇게 주인공 자리는 본래 공한 것이지만 그러한 묘법이 있기에 일체를 주인공에게 맡기고 놓는다면 만사여의하게 될 것으로 본 것이다. 이러한 주인공을 진실하게 믿었을 때의 작용은 삼신의 원리에서처럼 근본 자리에서 상대에 맞게 응신과 화신으로 작용을 하게 되므로 어려운 경계가 닥친다 하더라도 일단은 주인공을 믿는 것이 중요하다고 보았다. 이러한 주인공과 한마음에 대한 믿음이 대행선의 가장 첫 단계이다.

두 번째 단계인 놓음이란 방하착(放下着)을 나타낸다. 주인공에게 모든 것을 믿고 맡기는 것이다. 그렇다고 해서 내가 무엇인가를 하지 않은 것이 아니다. 그저 나를 열어 놓고 주인공이 스스로 움직일 수 있도록 내려놓는 것을 의미한다. 이는 언뜻 보면 '모든 것은 신의 뜻대로'라는 인샬라로 오해할 수 있다. 하지만 여기서의 믿음과 놓음은 우필차에 대한 믿음과 놓음으로 보아야 무리가 없다. 주인공이라는 것도 어떤 실체가 있는 것이 아닌 자성이 없는 것으로 '성자신해(性自神解: 성품이 스스로 신비하게 앎)' 혹은 '공적영지(空寂靈知: 지극히 고요한 가운데 신령스러운 앎)'라고 보아야 한다. 그렇기에 여기서의 놓음이란 천지자연에 스스로 일어나는 우필차를 믿고 놓아두면 공적영지가 일어남을 나타낸다. 이는 무엇인가를 행하는 것도 없고 염하는 것도 없으며 그저 청정법계에 모든 것을 풀어놓아 둘 수 있어야 함을 나타낸다. 그렇기에 이는 돈법(頓法)이 된다.

대행선에서는 이러한 놓음에 대해 방편으로써 4가지 놓음을 이야기한다. '되놓음, 몰록 놓음, 굴려 놓음', '양면 놓음'이 그것이다. '되놓음'이란 본래 일어난 그곳으로 다시 가져다 놓음을 말한다. 걱정이 일어나건 마음에 들지 않은 상황이 일어나건 그 일어난 것을 본래 있던 곳에 다시 가져다 두듯 주인공을 통해 그저 다시 돌려놓는 것을 말한다. '몰록 놓음'이란 일체를 무조건적으로 놓는 것을 말한다. 이에 대해 대행 선사는 "죽이든지 살리든지 만들어 놓은 당신께서 알아서 해결하시오!"라고 표현한다. 이는 모든 것을 체념하고 포기하는 것이 아니라 '마땅히 어떻게 되어야만 한다.'라는 나의 아집을 버리고 그저 천지자연에 놓아둠을 이야기한다. 모든 것은 내가 하는 것보다 자율적 조율기능을 가지고 있는 주인공이라는 것이 흘러가야 할 방향으로 움직여줄 것이기 때문이다. 그러므로 이렇게 무조건 놓는 것을 용광로에 비유하면서 용광로는 모든 것을 녹여버릴 수 있으니 그곳에 떠오르는 모든 것을 용광로에 녹여버리듯 그 안에 조건 없이 쓸어 놓아 버리라고 말한다. 그렇게 될 때 예상이나 추측이라는 머릿속의 환망공상이 사라지며 지금 내가 해야 할 바를 하며 나아갈 수 있게 된다. 마지막으로 굴려 놓음이란 다스려 놓음을 나타낸다. 이는 살아가면서 마음에 들지 않은 일이 생겨도 그것조차 주인공이 필요하기에 행한 것이니 거기에 신경 쓰지 말고 다시 주인공에게 돌려보냄을 이야기한다. 이는 일상생활 가운데 안팎으로 혹은 육근으로 들어오는 경계에 대해 그대로 반응하지 말고 안으로 굴려 놓으면서 밖으로 활용하라고 표현하고 있다. 어떤 나쁜 소식을 들었을 때 대다수 초조하고 불안해하며 의욕을 잃게 되는데 이렇게 습관적으로 반응하지 말고 침착하게 내면으로 다스려가면서 주인공에 굴려 놓아 작용해 나간다면 보다 지혜로운 대처가 가능하기 때문이다. 마지막으로 '양면 놓음'이란 좋고 싫음, 옳고 그름 등 이분법적인 생각을 모두 놓아버림을 말한다. 이는 옳고 그름의 분별심을 버리고 선악과 시비 등에 집착하는 마음을 풀어줘야 한다는 것이다. 이러한 분별심은 개념화를 일으키고 그러한 개념에는 자성이 없음을 알기에 영원하지 않다는 것도 알게 된다. 그렇게 어떤 한 가지 개념이 옳다는 것에 집착하는 마음을 놓는 것을 말한다.

세 번째 단계인 바라보기란 관법을 나타낸다. 앞서 놓음에서 청정법계에 나를 풀어놓음을 이야기했다. 그렇게 풀어 놓은 후에 주인공이 어떻게 나를 이끌어 가는지 바라보는 것을 말한다. 이는 무조건 책임을 떠넘기고 '될 대로 되겠지!'라면서 체념하는 것이 아님을 나타낸다. 그렇게 청정법계에 나를 놓아두고 있으면 고요한 가운데 신령스러운 앎이라는 지혜가 발생한다. 그때서야 내 걱정이나 염려, 불안과 집착에 의해 뭔가를 해야 할 것 같은 것이 아닌 지금 이 순간 내가 마땅히 해야 할 것이 무엇인지가 눈에 보이기 시작하는 것이다. 이것이 주인공의 이끎이며 그를 통해 한마음이라는 우필차에 나를 진정으로 놓아주고 천지자연 속에서 더불어 나갈 수 있는 진정한 한마음이 일어나며 이는 실천으로 드러나게 됨을 나타낸다. 이러한 실천 속에서 점차적으로 맑아져 가는 것이 대승돈법으로써의 대행선법이다.

(4) 마하연선

　삼예사원의 돈점논쟁에서 살펴보았듯이 대수인법은 마하연 선사의 돈법과 무관하지 않다. 마하연 선사가 주장한 선법은 달마 조사로 부터 신수 대사로 이어지는 맥으로 6조 신수 대사의 북종선을 의미하며 이를 마하연선이라 한다. 마하연선은 간심(看心), 불사(不思), 불관(不觀), 불행(不行)으로 이루어져 있다. 이는 대수인의 사유가인 전일(專一), 리희(離戲), 일미(一味), 무수(無修)에 대응된다. 다만 한 가지 차이점이라면 대수인에서는 사유가가 차례로 일어나는 것으로 보지만 마하연선은 불사불관으로 간심해서 불행이 일어나는 것으로 모두가 함께 이루어지게 된다. 그렇기에 대수인의 무수(無修)를 마하연선으로 보게 되며 이것을 광명 대수인(光明 大手印)으로 보게 된다.

　간심(看心)이란 지금 내 마음을 보는 것이다. 그로써 그 마음이 경을 읽고 이해하거나 스승에게 확인을 받아 그 마음이 맞는지 확인하는 것을 말한다. 그래서 그 마음이 아니면 그 마음이 되도록 하고, 그 마음이면 그 마음이 자라나게 하는 것을 나타낸다. 여기서 그 마음이란 불사불관(不思不觀)이다. 생각하지도 않고 관하지도 않는 마음을 나타낸다. 이때의 관이란 사띠를 나타낸다. 내 마음이 무언가 마음챙김을 하게 된다면 잘못된 마음이라는 것이다. 그렇기에 사띠조차도 놓아버린 자유 속에서 견분(보는 자)과 상분(보여 지는 대상)의 구분을 일으키는 사유가 시작되지 않은 것을 확인하는 것이 간심이다. 그리고 그렇게 그 마음이 이루어져 있다면 아무런 수행을 하지 않은 불행(不行)이 일어나게 된다.

그러므로 간심에서 불사불관이면 불행이 되는 것이므로 이는 모두 한 가지인 것이다. 이는 무수지수(無修之修)를 나타내므로 불사불관(不思不觀)이 부처인 것이다. 또한 이는 염불심이 되는데, 염불(念佛)이란 부처님으로 은유된 진여의 마음인 불(佛)을 마음챙김의 사띠를 나타내는 염(念)하지 않은 것을 나타낸다. 염불도 마찬가지다. 내가 염불을 하는지 하지 않는지 확인하고 염불을 하지 않을 때 염불이 되는 것이기에 아무것도 행하지 않는 불행의 무수(無修:수행하지 않음)가 된다. 이것이 마하연 선사가 티벳에 전한 마하연 선의 실제 모습이다.

본래 선종은 무념무상이 기본이 된다. 무념이란 마음으로 챙기지 않는다는 것을 나타낸다. 염불은 염불심이고 불심은 무심이기에 무심으로 챙기는 것이 무념이 된다는 뜻이다. 무심은 반응하는 나를 멈추는 것이다. 이것을 염하는 주체는 인지하는 나인데 이렇게 반응하는 내가 멈추고 인지하는 나는 그것을 챙기지 않는다는 것을 나타낸다. 그렇기에 인지하는 나는 한 가지 대상을 챙기는 것에 머무르지 않는 무주가 되고 반응하는 나를 작동시키는 작의가 사라지므로 부작의가 된다.

무상은 기본적으로 세 가지 상을 여의는 것이다. 이것과 저것의 차이를 구분하고 분류하여 이해하는 것을 여의는 것으로 특징과 이해를 멈추는 것이다. 마음에서 일어나는 것을 표상하는 이미지와 외부에서 마음을 동하게 하는 상징을 멈추는 것이다. 그리고 내면에서 개념들을 사용해서 추론을 하는 것을 멈추는 것이다. 마지막으로 이것을 자기 자신에게 적용하면 아상, 인상, 중생상, 수자상이 존재한다는 착각을 버리는 것이다. 아상은 '참나'를 이야기하며, 인상은 '아뢰야식'을 나타내며, 중생상은 '실존적 현존'을 나타내며, 수자상은 '개별 특성을 가진 영혼'을 나타낸다. 이와 함께 '특징과 이해, 표상과 상징, 개념과 추론'이 존재하지 않는 것이 무상이 된다. 이것을 이해하고 마음으로 이것을 구현하는 순간 지사이문으로 그 이해를 깨뜨리는 것이 '돈오'이다. 이러한 '돈오'는 내면을 멈추고 외부를 즐기는 마음을 말하는 것이 된다. 마음을 무가치하게 보고 세상을 진실된 가치로 바라보게 만들어 주기 때문에 일용사물이 진실이고 마음을 닦을 필요가 없다는 무수(無修)에 이르는 것이 선종의 종지가 된다.

마하연선 역시 무념무상이 기본이 되며 이를 불사불관이자 염불심이고, 이는 무심이므로 무주가 되며 작의가 사라진 부작의가 된다. 이를 이입(理入)으로 시작하여 지사이문(指事以問)으로 돈오(頓悟)에 들어 무수지수(無修之修)에 이르고 점정상(漸淨相)을 이루어나가게 하는 것이 마하연선이다.

이입(理入)이란 능가경 혹은 금강경과 같은 대승경전을 통해 마음의 실체에 대해 이론적으로 이해를 하는 과정이다. 특히 중요한 것은 보는 자와 보이는 대상의 구분이 없는 것과 마음을 조절하는 모든 시도는 바른 수행이 아님을 이해하는 것이다. 그 후 지사이문(指事以問)에 들어간다. 이것은 질문으로 사(事)를 가리킨다는 의미이다. 사(事)란 우리가 체험하는 이 세상 자체를 나타낸다. 이는 유교식으로 표현하면 대기운화(大氣運化)에서의 기(氣) 자체를 나타낸다. 이입(理入)의 이(理)와 지사이문(指事以問)의 사(事)는 사법계, 이법계, 이사무애법계, 사사무애법계의 화엄으로 이어지게 된다. 이렇게 질문을 통해 사(事, Event)를 가리키는 것이다.

이러한 이입과 지사이문을 통해 한순간에 망념에서 벗어나 마음을 짓는 삼라만상을 직시하게 된다. 이러한 깨우친 마음의 자유를 돈오(頓悟)라고 한다. 이로써 자성본지가 이미 해탈해 있는데 닦는 것이 의미가 없다는 무수지수(無修之修)에 이르게 된다. 무수지수는 수행을 하지 않은 자는 즉시로 깨달아 부처가 된다는 대원만법이나, 사유가로 이어지는 대수인의 무수(無修)와 완전히 동일하다. 이는 돈오로 드러나는 염불을 하는데 이것이 무언가를 하는 것이 아니기에 무수지수가 되며 무수지수이므로 돈수가 된다.

이러한 무수지수의 돈수를 묵조선이라 하며 이는 염불묵조를 의미하는 것이 된다. 이상의 전 과정은 점차로 이루어져 가는 것이기에 점차로 맑아지는 모양이 된다. 이는 점수(漸修)처럼 닦아 나가는 것이 아니라 그저 돈오가 이루어진 후 저절로 맑아지는 과정이기에 정상(淨

相)이라고 한다. 수행을 하지 않는 수행으로 점정상(漸淨相)을 통해 서서히 청정법신에 도달하는 것이며, 이는 수행으로 도달하지 않는다. 오직 묵묵히 일용사물 속에서 생활하는 과정에서 도달하게 되는 것이다. 당연히 충분한 공덕으로 이미 불과를 얻었다면 점정상(漸淨相)이 아닌 돈정상(頓淨相)이 된다. 돈정상은 즉시로 부처가 되는 밀교의 즉신성불의 토대가 되기도 한다.

실주대수인에서 법신견을 얻음이 이입을 얻음과 같다. 명체는 돈오를 말하며 바른 스승은 지사이문을 통해 돈오를 일으키듯 명체를 밝혀 그를 체험시킨다. 그로써 전일, 리희, 일미를 단숨에 이루고 바로 무수(無修)에 이르게 한다. 이는 불행(不行)을 기본으로 하며 이는 일체의 유위법을 행하지 않음이 성행(正行)이고, 일체법을 불행(不行)함이 수법행(隨法行)이 된다. 왜냐하면 일체의 법을 불행(不行)함은 정(正)과 사(邪)를 분별하지 않기 때문이다. 이러한 불행의 뜻은 매우 심오하여 근기가 이르지 못한 이에게는 오해를 불러일으키기 쉽게 된다. 불행이라는 것을 불법을 알기 이전에 아무 행도 하지 않는 것과 구분을 못 해버리기 때문이다. 또한 여러 경전에서 논해지는 갖가지 행품(行品)들도 불행(不行)하는 것으로 오해하여 부처님의 가르침이 아닌 것으로 매도되기 쉽다. 실제 삼예의 논쟁에서 산타락시타나 까말라쉴라가 비판한 것에는 이러한 내용도 있다. 그렇기에 불사불관(不思不觀)과 불행(不行)은 우선 유심과 일심을 요지하여야 행할 수 있는 법이다. 불행은 곧 분별을 떠남이고 분별 떠남이 수법행이라 하였는데, 능가경에서는 분별

떠남은 유심임을 요지하여야 이루어지며, 유심의 뜻을 온전히 안다면 자연히 불행의 행이 되기 때문이다. 이는 불성이 본래 온전히 구족되어 있어 무슨 특별한 행을 해야 이루어지는 것이 아니기 때문이다.

그렇기에 대승에서는 점법과 돈법을 함께 하고 있으며 대수인에서 역시 수행자의 근기에 따른 다양한 길이 제시하고 있다. 만일 상품의 근기를 갖추고 있으나 공덕이 충분하지 못하다면 법신견을 갖추게 한 후 오독(五毒)을 멸(滅)하고 사선정에 이르게 하여 준비시킨 후 명체를 보게 하며 그에 대한 가장 빠른 길이 공락 대수인에서 광명 대수인으로 이어지는 길이다. 하지만 근기가 부족하면 법신견을 갖춘 후 사띠의 점법 수행으로 사선정에 이르게 하는 과정을 거치며 이는 졸화를 성취한 뒤 실주 대수인의 무수에 이르러 광명 대수인으로 나아가는 길에 해당된다. 이상과 같이 이러한 길은 이입(理入)의 과정을 충분히 거쳐야 한다. 하지만 그것조차 힘든 경우 충분히 업을 정화하며 차근차근 선정에 드는 길을 제시하기에 실주 대수인의 전행으로써 생기차제의 행법을 소개한 것이기도 하다.

5. 공략 대수인법

　공락 대수인은 생리적인 현상을 기반으로 수행자가 느끼는 체감각인 기감을 바탕으로 수행을 하는 방편이다. 이는 부계밀법에 해당되며, 생리적 변성을 직접적으로 다루기 때문에 행법이 매우 구체적이고 체험이 강렬하다. 그만큼 신체에 무리를 줄 수 있기 때문에 세심한 주의가 요구된다. 공락 대수인은 지혜의 봉인을 사용하는 육성취법과 실체의 봉인을 사용하는 비밀집회가 있다. 육성취법과 함께 전해지는 수행법 중 쌍운으로 칭해지는 것이 실체의 봉인을 사용하는 방편이다. 육성취법의 핵심은 중맥 개방과 함께 자모광명을 합일시켜 정광명을 체험하는 것이다. 여기서 중맥개방을 호흡의 조절에 따른 열감, 일상 중 체험하는 의식의 흐름, 수면의 기전 중 체험되는 현상을 기반으로 중맥을 개방시키는 것이 지혜의 봉인을 활용하는 방법이다. 실체의 봉인은 오르가즘이 일어날 때 발생되는 중맥 개방 현상을 다루는 것으로 성적인 합일을 방편으로 하고 있다.

(1) 지혜의 봉인

나로빠 육성취법은 '졸화(拙火), 몽경, 환신, 광명, 중음, 전식' 이렇게 여섯 가지 행법으로 구성되어 있다. 졸화는 하복부에서 열기를 일으켜서 중맥을 여는 수행법이며, 환신은 자아와 경험이 환상임을 이해하고 환상을 다루는 수행법이며, 몽경은 잠과 꿈을 통해서 또 다른 의식과 인식을 훈련하는 수행법이며, 광명은 심리와 생리에 의해 발생하는 빛을 단련하는 수행법이고, 중유는 윤회 속에서 의식을 잃지 않고 성취를 하는 수행법이며, 전식은 의식을 성취로 변화시키거나 정토로 옮기는 수행법이다.

이를 좀 더 자세히 설명하면, 졸화에서는 호흡을 통해 하복부에 열기를 일으켜 중맥을 막고 있는 맥륜을 느슨하게 풀어 진공 상태였던 중맥으로 롱(氣)이 흘러 이원적 사고에서 벗어나도록 하는 과정을 거친다. 이는 후대에 선도 전승 중 주천을 중심으로 하는 공부와 연결된다. 몽경은 꿈을 통해 자아가 경험하는 세상 역시 식의 전변이라는 것을 체험하는 과정인데, 의식이 사라진 상태에서도 인식이 되는 활동이 생기는 것을 자각하며 이를 통해 인식이라는 것이 식의 전변에 대한 것임을 체험하게 된다. 이는 선도의 행법 중 잠을 통한 연금술인 수공과도 깊은 관련이 있다. 환신 역시 이러한 식의 전변에 대한 것을 기반으로 공성을 체험하는 방법이며, 광명은 일상 속에서 심리와 생리 작용에 의해 발생하는 빛을 통해 공성을 체험한다. 중유는 죽음의 순간에 의식을 유지하는 것으로 성취를 하는 방편이며, 전식은 의식을 변화시켜 정토로 옮겨 공성을 체험하는 방편이다.

나로빠 육성취법은 여섯 개의 수행법이 유기적으로 연결되어 있다. 그렇기에 한 가지만 성취해도 다른 수행과 연계되므로 수행자의 근기와 상황에 맞춰 한 가지 수행법을 중심으로 하면 된다. 이때 졸화와 광명과 전식의 세 가지를 중심으로 수행하는 경우가 많으며 나머지는 보조공으로 삼는 경우가 많다.

육성취법의 첫 단계로 가장 많이 행하는 것은 졸화이다. 이에 대한 자세한 방법은 【유가심인 티벳밀교 육성취법】 서적을 참조하면 된다. 졸화의 핵심은 구절불풍 또는 보병기 호흡을 통해 아랫배에 강한 열기를 일으키고 그 힘으로 맥륜을 느슨하게 만들어 중맥을 개방하고 제륜에 자리하고 있던 적보리를 풀어 적색 광명을 우선적으로 체험하는 것에 있다. 이를 통해 두정륜의 백보리를 녹여 백색 광명을 체험하는 순서로 나가게 된다. 즉 부정모혈을 푸는 과정 중 가장 처음으로 모혈을 먼저 풀고 그 이후에 부정을 녹여 내리는 방법을 따른다. 이렇게 심륜에서 부정모혈이 다시 만나면서 광명을 체험하게 되는 것이 졸화의 과정이다.

졸화를 성취하면 광명을 체험하게 된다. 물론 그 사이에 미세한 의식이 정화되기 시작하면서 환신이라 칭하는 미세한 신체가 일어나기도 한다. 물론 환신의 자각 없이 바로 정광명(淨光明)을 체험하는 길로 나가기도 한다. 정광명(淨光明)이란 자광명(子光明)과 모광명(母光明)의 합일을 통해 들어나는 광명(光明)이다. 자광명은 우리가 알고 있는 공성(空性)에 대한 이해와 체험을 나타내며, 모광명은 실체의 광명이라고 하여 개인을 넘어 광명 그 자체를 나타낸다. 이러한 광명 중 자광명은 도광명(道光明)이라고 해서 수행으로 드러난 광명이라는 의미를 가지고 있다. 반면 모광명은 자연스럽게 드러난 광명이다. 마지막으로 자모광명은 수행자의 개별적 영혼이 보편적 영혼과 조우 할 때 드러나는 광명에 해당된다. 자모광명(子母光明)이 합일되면서 드러나는 광명이 실제 광명으로 본다.

자모광명의 합일 이후 처음으로 체험되는 정광명(淨光明)은 비유의 광명으로 이야기한다. 비유의 광명이란 무언가를 표현할 때 그를 명확히 말할 수 없을 때 비유를 들어 표현하듯 이때 체험되는 광명 역시 비유로써 드러나는 광명이지 어떤 규정된 상(相)이 아니라는 뜻이다. 이때서야 실제 환신이 드러나게 된다. 물론 이는 완전한 성취가 아니라 내면 깊은 곳에 깃든 미세한 상(相)을 타파하는 과정에서 드러나는 것이다. 이때 환신으로 체험된 식(識)이 전변(轉變)하면서 보신(報身)을 성취하게 된다. 그리고 이러한 보신 상태에서 자비의 마음으로 세상을 구제하고자 원을 세워 태어나는 부처님이 화신이다.

(2) 실체의 봉인

실체의 봉인을 사용하는 가장 대표적인 수행법이 비밀집회 탄트라이다. 육성취법에서는 하복부에 맹렬한 열기를 일으켜 제륜을 느슨하게 하고 적보리를 먼저 풀게 된다. 이는 적색 명점으로 이를 통해 붉은색 광명을 체험하게 된다. 하지만 비밀집회에서는 적색 광명을 먼저 풀어내지 않는다. 우선 '옴, 아, 훔'의 진언과 관상을 통해 백색 명점을 다스려 두정륜에 자리한 부정(父精), 즉 백보리를 먼저 풀게 된다. 이를 통해 백색 광명을 먼저 체험하고 성적 합일을 통해 오르가즘에 이르면서 적보리를 풀어내어 적색 광명을 체험하는 것으로 나가게 된다. 이를 통해 부정모혈이 합일되는 상태를 이끌게 된다.

이러한 비밀집회는 육차제를 사용한다. '정적신차제, 정적어차제, 정적심차제, 자가지차제, 정광명차제, 쌍입차제' 이렇게 여섯 단계로 구성이 된다. '정적신차제'는 남성은 귀두의 끝, 여성은 클리토리스에 심상으로 만다라를 그리는 방법이다. 이렇게 하면 그곳에 혈액이 모이며 성적 흥분이 일어나게 된다. '정적어차제'는 옴, 아, 훔을 염송하며 코끝, 머릿속, 가슴의 순서로 기를 내리게 된다. 이렇게 하면 머릿속에 백보리(父精:아버지의 정액)가 심장에 내려오면서 눈앞에 흰색 빛이 나타나게 된다. 이것을 백색 광명이라고 한다. '정적심차제'는 파트너와 성적인 합일을 통해 오르가즘을 느끼며 그 환희를 가슴의 심륜으로 올리게 된다. 중요한 건 이때 심륜에 자리한 비밀의 명점으로 올려야 한다는 것이다. 그러면 어느 순간 적보리(母血:어머니의 피)가 올라오며 눈앞에 붉은색 빛이 나타나게 된다. 이것을 적색 광명이라고 한다. 이와 같이 육성취법과 다르게 비밀집회에서는 백보리를 먼저 풀어낸 이후에 적보리를 푸는 과정을 거친다. 이는 실제 성적 합일을 통해 오르가즘을 느끼고 그로써 중맥이 개방되는 기전을 활용하기 때문이다.

그다음으로 '자가지차제'에 들게 되는데, 성적 합일을 통해 오르가즘을 느끼며 점차 흥분이 극에 달하고 의식이 고양되는 어느 순간 일순간에 의식이 사라지며 눈앞이 깜깜해진다. 그 후 다시 의식이 돌아오는데 이때 여명이 밝아오듯 빛이 드러나기에 이를 은유의 광명이라고 한다. 이때 자신의 근원이 정화가 되며 그 과정에서 미세한 의식이 미세한 몸을 타고 활동하기 시작하는데 이를 통해 환신을 성취하게 된다. 그리고 이를 이담 혹은 수호본존이라 칭하며 그와 내가 하나가 된 상태를 나타낸다.

다음으로 '정광명차제'로 넘어간다. 앞서 또 하나의 미세한 몸이 상대방의 미세한 몸과 성적 합일을 이루게 된다. 다른 시공 속에서 이러한 합일이 일어나며 대락(大樂)과 광명(光明) 속으로 녹아 들어가게 된다. 마지막으로 '쌍입차제'가 있는데, 이는 낙공무별이라는 쾌락과 공성이 둘이 아니며 서로가 서로를 비추며 지혜의 빛을 밝히는 단계를 나타낸다.

이와 같이 실체의 봉인을 통해 광명에 이르면 그것으로 실주 대수인의 전일과 리희를 성취하게 된다. 정광명차제는 일미와 같으며 그곳에서 '각, 관, 희, 락, 일심'이 일어나며 그 중 '각, 관, 희'와 함께 '락'이 사라지며 쌍입차제에 이르게 된다. 이는 실주 대수인의 일미를 성취한 것과 같다. 그리고 이를 통해 무수로 넘어가게 되면서 일심을 되고 무상, 무주, 무념, 부작의가 되며 광명 대수인으로 넘어가게 된다.

(3) 혜명 능엄선

공락 대수인의 지혜의 봉인을 활용하는 육성취법과 실체의 봉인을 활용하는 비밀집회는 중국에 전해지며 무수한 신비수행에 영향을 주게 된다. 실제 이것을 적극적으로 받아들인 곳 중 한 곳이 중국 선도이다. 이러한 선도 수행의 영향을 받아 형성된 체계가 능엄선인데 이는 혜명 능엄선이라고 해서 적보리와 백보리를 직접적으로 다루는 방편이 전해진다.

티벳밀교의 수행법은 초기에 흑교(뵌교)의 방편을 중심으로 중국에 전해졌다. 그 결과 주천공이 탄생되었다. 일반적으로 알려진 소주천을 시작으로 하는 주천공은 북종선도에서 전해지고 있다. 하지만 초기의 주천공은 근래 알려진 소주천의 노선과는 다른 노선을 중심으로 구성되어 있다. 지금과 같이 특정 기감을 일으켜 그를 임맥과 독맥이라는 경락으로 유주시키는 방법이 아니다. 그보다는 밀교의 명점과 같은 선도의 관규를 중심으로 다루는 것으로 시작된다. 뵌교의 공부법은 선도에 전해지면서 종교적인 색채가 더욱 줄어들고 순수하게 생리적인 기전 중심으로 변화하게 되었는데 관규를 중심으로 다루는 것이 바로 그러한 내용이다.

육성취법 중 졸화에서는 처음 특정 호흡법과 관상을 통해 하복부 중심으로 강한 열기를 일으킨다. 흑교에서 전해진 주천공에서도 하복부 중심으로 강한 열기를 일으키지만 개념이 조금 다르다. 선도의 의학에 대한 세계관이 반영되면서 심장에 깃든 열기를 아래로 내리고 소장 중심으로 형성된 '화' 기운과 만나 자연스럽게 열이 발생 되는 것으로 보게 되며, 이때 '현빈'이라는 관규를 중심으로 척추 내측에 자리한 선천의 맥동을 깨우는 방식으로 시작이 된다.

이때 활자시라 칭해지는 현상이 일어나는데 이는 아무런 음욕이 없는 가운데 양물(성기)이 발기하게 되는 것을 나타낸다. 그러한 조짐이 보일 때 그를 끌어당기는 것을 채약이라 칭한다. 채약을 통해 양기를 얻었으면 이것으로 골반 안쪽의 미려관의 특정 규로 보내서 선천의 맥동을 일깨우는 것이다.

졸화에서는 열기가 발생 되면서 중맥을 묶고 있던 맥륜이 느슨해지면서 기가 흐르는 방식으로 진행되지만, 관규를 활용한 주천공에서는 인체의 규를 활성화시켜 그를 움직임으로써 중맥에 해당되는 충맥이라는 곳을 일깨워 후천의 기운을 선천으로 되돌리는 과정을 거치게 된다. 두 가지 모두 압박을 받고 있던 인체 중심선이 활성화되며 풀어지는 것에 해당된다.

주천공의 미려관에 자리한 규가 처음 일깨워지면 이는 다시 위로 올라가 머릿속에 자리한 옥침관의 규를 일깨우게 된다. 그렇게 상승한 기운은 다시 하강하며 심륜에 해당되는 협척관에 자리한 곳으로 내려오면서 비밀의 규를 일깨우게 된다. 이러한 구조는 졸화에서 모혈을 일깨워 그 열기를 올려 두정부에 자리한 부정을 녹여 내려 심륜에서 만나게 하는 것과 같은 구조이다. 그리고 이는 청정법으로 칭해지는 고류 방식의 주천공의 모습에 해당된다. 그밖에도 부정모혈 중 부정인 백보리를 먼저 풀고 성적인 방편을 통해 적보리를 풀어 심륜에서 합일시키는 방법은 선도 연금술 중 음양쌍수법의 핵심과 통하는 부분도 많다. 이처럼 밀법과 도교 선술이 서로 유기적으로 연결되어 발전하며 전승된 비결들이 있다. 그중 하나가 남종동파선도이며 공락 대수인과 관련이 깊으며 우필차에 해당되는 일음일양의 태극이자 무극이태극에 대한 구결과 함께 수무치허를 통해 광명 대수인으로 나가는 부분이 있다.

혜명 능엄선은 활자시(活子時) 이외에 활오시(活午時)를 활용하기도 한다. 활자시는 육성취법처럼 적보리부터 풀어내는 것이라면 활오시는 비밀집회처럼 백보리부터 풀어내는 방식이다. 혜명 능엄선에서는 활오시에 대한 가르침으로 보휴비결을 전하고 있다. 이는 처음 눈을 허공에 응시해 신(神)을 엉기게 하여 머릿속을 밝히고 그 빛을 척추를 타고 아래로 내려 미려관에서 36회전시켜 엉기게 하고 반대로 24회전을 시켜 다시 머릿속으로 이동시키는 방식으로 구성된 비결이다. 40세 이상 되면 활자시가 일어나는 데 시간이 오래 걸리지만, 보휴비결을 통해 활오시를 일으키고 이를 활용하면 40세 이상이어도 이내 활자시를 일으킬 수 있다. 그리고 이를 통해 진종을 채취하여 약을 만들 수 있게 된다. 이는 육성취법의 졸화에서도 나이가 많아 기운이 없는 사람을 위해 열기를 쉽게 보전하고 일으키는 좌법을 별도로 전하는 것과 같다. 선도에서도 정기가 약한 사람을 위해 정기의 손실을 방지하고 그 힘을 더해서 정기를 충만하게 하여 활자시를 일으키는 비결이 전해지는데 그것이 바로 활오시를 기반으로 행하는 보휴비결이다.

보휴비결의 첫 단계는 신(神)과 기(氣)가 허공에서 응결하여 취하는 것이다. 이는 마음을 고요히 한 상태에서 숨을 길게 내쉬고 천천히 들이쉬면서 자신의 호흡을 차분하게 가라앉힌 후 행한다. 고요한 상태에서 눈을 전면의 허공에 둔다. 그러면 점차 의식이 외부의 특정 대상에 달라붙는 현상이 사라지면서 의식이 스스로 힘을 갖추어 날뛰게 되면서 점차 흩어져 사라지게 된다. 이는 집착이 놓이는 과정이기도 하다. 그를 지키다 보면 점차 눈이 밝아지기 시작하면 이를 인당으로 끌어와 머릿속에 두게 된다. 그러면 점차 머리가 명료해지며 밝아지기 시작한다. 밝아진 상태를 충분히 인식하며 한 발 물러나 바라보면 점차 신과 기가 엉기어 빛이 나타나기 시작한다. 이때 흰빛으로 보는 경우가 가장 많으며 이는 부정모혈(父精母血) 중 부정(父精:아버지의 정액)에 해당되는 백색 빛이다. 이것이 충만해진 상태를 활오시(活午時)라고 한다. 활오시가 일어나면 그 빛을 점차 뒤로 이끌면서 뒤통수 쪽에 자리한 옥침으로 이동시킨다. 이곳을 거쳐 다시 대추, 협척, 명문을 지나 꼬리뼈를 통해 골반 안쪽에 자리하도록 한다. 이곳에서 빛을 36회 회전 후 다시 24회 반대로 회전시켜 풀어내어 지나온 길을 역순으로 해서 머릿속으로 되돌아간다. 이를 여러 번 반복하다 보면 점차 음욕이 없는 상태에서 발기가 일어나는 활자시(活子時)가 일어나게 된다. 이러한 현상이 일어나면 손상된 정기가 회복된 것으로 보게 된다. 그리고 이때 진종자를 캐내어 주천을 행하는데 이때는 척추 내측으로 해서 올리게 된다. 이것이 중맥 개통의 과정과 연결이 되므로 지혜의 봉인을 통한 육성취법으로 이어진다. 그리고 이때 실체의 봉인을 활용하는 방법이 전해지며 이때는 실제 성적 합일에 따른 오르가즘을 활용하는 쌍수법의 비결이 전해진다. 이상의 전체 내용은 공락 대수인과 연결된다. 그밖에 능엄선에는 이근원통이라 해서 범음을 통해 이근(耳根)을 풀고 백보리를 풀어내 묘음으로써 광명을 일으켜 대수인으로 이어지는 길도 있다. 이와 같이 혜명 능엄선은 밀법의 핵심이 중국에 전해지며 도교의 비술과 만나 새롭게 형성된 수행 방편으로 전해지고 있다.

본체선과 작용선

선종의 종지와 황룡삼관

선종은 본래 능가경과 금강경을 기반으로 이입(理入), 즉 교학을 기반으로 한 견지를 기반으로 지사이문이라는 질문으로 일용사물을 가리키는 것으로 이루어져 있다. 이는 황룡삼관이라 하여 생연, 불수, 여각 중 여각으로 돈오돈수 하는 것을 나타낸다.

생연이란 "내가 태어난 인연은 무엇인가?"에 대한 질문으로 이는 형이상학이자 환망공상을 직시하게 하는 질문을 나타낸다.

불수는 "왜 내 손이 부처님 손과 같은가?"에 대한 질문으로 이는 환망공상에서 내 손이라는 일용사물을 직시하게 하는 질문을 나타낸다.

여각이란 "왜 내 다리는 나귀 다리 같은가?"에 대한 질문으로 이는 환망공상에서 완전히 벗어난 일용사물 자체를 직시하게 하는 질문을 나타낸다.

여각으로 돈오돈수를 하는 것이란 환망공상에서 벗어나 일용사물을 직시하게 하는 것을 말한다. 지사이문은 본래 이러한 구조를 가지고 있으며 공안화두 역시 여기서 나오게 된다.

선종은 본래 무념무상이 기본이 된다. 무념이란 마음으로 챙기지 않는다는 것을 나타낸다. 염불은 염불심이고 불심은 무심이기에 무심으로 챙기는 것이 무념이 된다는 뜻이다. 무심은 반응하는 나를 멈추는 것이다. 이것을 염하는 주체는 인지하는 나인데 이렇게 반응하는 내가 멈추고 인지하는 나는 그것을 챙기지 않는다는 것을 나타낸다. 그렇기에 인지하는 나는 한 가지 대상을 챙기는 것에 머무르지 않는 무주가 되고 반응하는 나를 작동시키는 작의가 사라지므로 부작의가 된다. 하지만 간화선에서는 공안화두에 반응하는 나를 작동시키는 작의지심을 일으키고 공안화두에 인지하는 나를 묶는 유주를 일으키기에 선종의 본의를 흐리고 잘못된 수행으로 가게 된다.

몰입으로서의 간화선은 참으로 훌륭하지만 선종으로서의 간화선은 한 가지 폐해를 가져오게 된다. 유주를 일으켜 공안화두에 몰입시키고 그를 깨트리는 것까지는 괜찮은데, 이때 견성을 이야기함으로써 초월적 존재를 말하게 됨으로 무주가 아닌 것이 되었다. 여기서는 본성을 보는 것이 견성이고 본성이란 보편 편재한 존재이며 시공을 초월하고 있으며 이러한 보편 편재의 본성으로 세상에 봉사를 하자는 자비 행을 해야 한다는 이야기를 하게 된다. 하지만 이렇게 되면 아크만(참나, 진아)을 이야기하는 힌두 사상이 되어 버린다. 그리고 이는 불교의 무아론에서 벗어나게 된다.

화두를 깨치며 일순간에 견성을 하게 되는 순간을 표현할 때 불이론을 이야기하는 경우가 많다. 그리고 이때 불이론은 두 가지가 있다. 우선 물아일체, 만유제동으로 말해지는 너와 나의 경계가 허물어지는 모두가 하나라는 의미가 있다. 다음으로 이렇게 모두가 하나라는 것 사체가 하나의 체험일 경우와 이를 또 다른 개념으로 이해하는 것이 있다. 이를 개념으로 이해할 때 우리는 이러한 개념으로써의 본체성 또는 진리 또는 우주적 법칙 등 근원적 실체라는 측면이 있으며, 이를 하늘이라고 표현한다. 그리고 그러한 모두가 하나라는 우주적 본질성과 다르게 돌아가는 우리의 현실이 있다. 이를 인간이라고 표현한다. 그래서 천인합일의 불이론이 나오게 된다. 이때 천의 입장에서 천인합일인가 인의 입장에서 천인합일인가에 따라 본체선인가 작용선인가를 구분한다. 천의 입장에서의 천인합일은 이 세상이 가현(가짜로 드러난 현상)으로 보고 본질적인 진실을 오해한 경험이라고 본다. 인의 입장에서의 천인합일은 모두가 하나라는 개념이나 우주의 구조적 법칙이나 이러한 것을 환망공상(환상, 망상, 공상)이라고 본다. 전자가 본체선이며 후자가 작용선이다.

그렇기에 본체선의 입장에서는 옳고 그름의 문제가 된다.

올바른 불교란 무엇인가?
올바른 승려란 무엇인가?
올바른 진리란 무엇인가?
올바른 삶이란 무엇인가?

이러한 것이 주된 주제가 된다.

작용선의 입장에서는 고통과 고통 없음이 문제가 된다. 작용하는 이 현실에서 옳고 그름을 나누는 것은 어렵다. 많은 경우 불가능하다. 그렇기에 그러한 것이 아닌 지금 아픈 것인가 그러면 그 아픔을 해결하기 위해서 무엇을 해야 하는가를 고민한다. 부처님께서 다양한 비유로 수차례 말씀하신 것이 있다. 독화살을 맞았으면 화살을 뽑고 해독을 해야지 화살을 누가 쐈는지 어디서 날아왔는지 쏜 이유는 무엇인지는 중요하지 않다고 말이다. 그리고 삼법인의 첫 번째가 고이며, 사성제가 바로 고를 해결하는 것에 대한 이야기다. 그렇기에 그 순간 화살을 뽑고 해독을 위한 약초를 찾거나 의사를 불러오는 행위가 일어나는 것이 작용선이다. 여기에는 눈앞에 모습 자체를 직시하고 그 안에서 해야 할 일을 하는 것으로 드러나게 된다.

이와 같이 작용이라는 것은 체용론에서 본질적인 체와 그 본질이 드러나서 보이는 작용이 있는데 본성은 본질적인 체에 있지 않고 드러나 보이는 작용이 있다는 것이 된다. 그리고 이것이 지사이문의 질문으로 일어나는 일을 가리키는 것이 된다. 일어나는 일이 작용이고 이 작용이 본성이지, 본성이 시공을 넘어서는 초월적 보편 편재하는 그 무엇이 아니라는 뜻이다. 그렇기에 지사이문이란 내향내주의 내면과 마음 속에 있는 이들에게 이 장엄한 생명 가득한 세상을 보라는 질문을 던지는 것이다. 이 세상은 그렇게 생명으로 펄펄 끓는 용광로 같다는 것이 작용의 대야홍로선이다.

정법안장(正法眼藏)과 작용선(作用禪)

지사이문은 선승의 날카로운 외침으로 드러난다. 하지만 그러한 외침 없이 한 가지 기법으로 작용선에서 이야기하는 장엄한 생명 가득한 세상을 보는 방법이 있으며 이를 정법안장(正法眼藏)이라 한다. 정법안장은 청정법안이라고도 하며 부처님의 바른 교법이라는 뜻이기도 하다. 이는 모든 것을 꿰뚫어 보고 모든 것을 간직하는 스스로 체득한 깨달음을 뜻한다. 석가모니불이 깨친 진리의 비밀이자 직지인심이며 견성성불이자 교외별전의 심인을 나타낸다. 이는 석가모니불이 삼처전심으로 마하가섭에게 전했다고 알려진 내용이기도 하다. 실주 대수인에서 가장 중시 여기는 것은 명체를 보는 것이며 정법안장에는 이러한 명체의 묘용이 깃들어 있다.

우리는 어떤 대상을 볼 때 그를 보는 것이 아니라 내가 마음속으로 지어낸 무수한 상을 보게 된다. 눈앞에 차 한 잔을 바라봄에도 그 차를 보는 것이 아니라 과거에 경험했던 차에 대한 무수한 인과를 일으켜 눈앞의 차와 대조하여 일어난 내면의 심상을 바라보게 된다. 일상 속에서 누군가를 바라볼 때도 마찬가지다. 이에 관해 가장 흔하게 일어나는 것이 '사람을 사람으로 보지 않고 기능으로 바라봄'에 대한 것이다.

어릴 적에 자신을 충분히 돌봐주지 못하는 아버지에 대한 미움이 일어날 때 그를 어떻게 해야 하느냐는 질문에 틱낫한 스님은 그 사람을 안아주고 그 사람의 체온을 느껴 보라는 답을 한다. 그와 같다. 그 사람이 과거에 뭔가를 했고 자신이 지금 뭔가를 해야 한다는 내면의 상을 보는 것이 아니라, 지금 이 순간 내 눈앞에 있는 그 사람 자체를 바라보고 그 존재 전체를 바라보는 것이다. 이것 자체로 지사이문이 일어난 것이며 황룡삼관의 여각으로 돈오돈수 함이 된 것이다.

그렇기에 일상에서도 누군가를 바라볼 때뿐 아니라 내가 살아가는 이 세상 자체, 일용사물을 바라볼 때 그 사물의 '색상, 감촉, 무늬, 선'

하나하나를 세세히 보는 것이다. 사람을 볼 때도 마찬가지다. 눈앞에 있는 사람의 피부색이나 솜털 하나까지 자세히 보는 것이다. 그렇다고 몰입해서 어떤 세밀한 특징을 상세히 보라는 것이 아닌 충분히 그 사람 자체, 즉 내 앞에 존재하는 살아 있는 사람 자체를 보라는 의미다. 당연히 피부가 아닌 입고 있는 옷의 질감, 색상, 자잘한 무늬, 옷감과 옷감 사이에서 보이는 미세한 구멍까지 깊게 바라봄을 나타낸다. 그 순간 내 눈빛은 나의 내면에 맺힌 특정한 상에 닿는 것이 아니라 외부에 있는 그 사람 자체에 닿게 된다. 실제 내 눈빛이 상대방의 피부의 솜털 하나까지 옷감의 작은 티끌 하나까지 닿게 한다는 마음으로 바라보는 것이다. 이렇게 바라볼 때 우리는 상대방을 어떤 '기능'을 가진 '대상'으로 보는 것이 아니라, 그냥 내 앞에 살아 숨 쉬는 사람 자체로 보게 된다.

실제 이렇게 바라보며 그 사람을 대할 때 상대방의 눈빛이 살아나며 상대방도 동일하게 나를 기능이 아닌 사람으로 대해주게 됨을 체험하게 된다. 여기에 작용선의 종지가 있으며 그 순간 돈오돈수가 일어나게 되며, 나는 그저 그 순간에 내가 해야 할 바를 알기에 그 일에 전념해서 하게 된다.

작용선의 승려

본체론과 작용론은 동양학을 이해하는 두 가지 개념이다. 본체는 근본이치이며 작용은 드러나는 현실이 된다. 그리고 동양학은 어떻게 하면 개념을 설명하는 언어라는 것으로, 언어를 설명할 수 없는 현실의 변화막측함을 설명하는가에 대한 내용이다. 언어도단은 본체가 시공 저 너머에 있기에 언어로는 그를 설명하지 못한다는 것이 아니다. 시공 저 너머의 진실 된 실체는 환망공상이 된다. 그것이 환상이고 망상이고 공상일 뿐이다. 객관적이라는 것은 누군가 언변이 좋거나 권력을 가진 자의 주관적 환망공상일 뿐이라는 것이 동양학적인 이해이다.

그렇기에 선(禪)에서도 본체선 보다는 작용선이 더 수승한 것으로 본다. 대개 본체선으로 자신의 진여실상을 깨치고 나서 자비 행으로 작용선을 한다고 이야기한다. 하지만 본체선이 전제가 된 작용선은 자기 입맛에 맞는 자비만이 자비이며 자신이 깨달은 것과 다른 자비는 그릇된 것이라고 하며 미워하게 된다.

작용선에 대한 참된 모습은 틱낫한 스님의 일화에서 드러나게 된다. 틱낫한 스님은 베트남 스님으로 달라이 라마, 숭산 스님과 더불어 세계 4대 활불 중 한 분으로 알려져 있다. 베트남 전쟁으로 늘 유혈사태로 사람이 사람을 미워하는 그러한 곳에서 작용선인 참여불교를 시작하셨다. 하지만 참여불교란 데모나 집회를 말하는 것이 아니다. 오직 하는 것은 우리 모두의 집단 무의식 또는 보편 무의식이라는 아뢰야식에 종자(씨앗)를 심는 것이다.

이는 베트남군과 베트공이 서로 총을 쏘는 곳으로 참여불교의 스님들은 경행을 하며 들어가는 것으로 드러난다. 오직 이뿐이다. 두 가지 다른 군대를 설득하거나 하지 않는다. 오직 왜 서로가 서로를 죽여야 하는지 모르면서 서로가 서로에게 총을 쏘는 한가운데로 걸어 들어가는 것이다. 그 스님들의 마음은 고요한 공적이지만 총알과 포탄이 난무하는 세상의 작용을 영성스럽게 어루만지며 접촉하는 영지를 갖추게 된다.

염불묵조에서 이렇게 한 분의 스님이 드러내는 부처님이 바로 그 전쟁터에 나타나게 해서 그곳에서 총에 맞아 그 스님이 돌아가시더라도 그때 그 전투에 참여한 단 한 명의 군인의 마음속에 부처님의 손길이 접촉하면 된다는 것이다. 이것이 대야홍로선이자 참여불교의 작용선의 모습이다. 그 스님들은 그들에게 설법을 하지 않았다. 다만 그 스님들이 체험하는 자비와 평화의 부처님을 드러냈을 뿐이다. 그리고 이 사건은 그 자리에 인연 지어진 모두의 마음에 씨앗으로 남게 된다는 것으로 인간의 마음만이 아니라 그 유혈의 대지에도 그 씨앗이 심어지게 된다.

이 씨앗들이 여래종이며 어느 날인가 싹이 트는 것이 틱낫한 스님의 작용선에 해당된다. 이것이 작용선의 세상이다. 그렇기에 작용선은 지금 일어나는 모든 것에 접촉하는 것이다. 그 접촉은 사무량심으로 시작한다.

선풍기 바람이 불어옵니다.

그러면 그 선풍기 바람에 자상하게 말을 겁니다.

그리고 그 선풍기 바람의 수고로움에 대해서 연민하고 가엾게 여기는 마음을 표현합니다.

그런 후 그 선풍기 바람과 함께 행복해합니다.

마지막으로 그 선풍기 바람과 함께 만족함을 지닙니다.

그리고 그 선풍기 바람 속으로 고요하게 하나가 됩니다.

앙구리 마라라는 연쇄 살인범이 있었습니다.

석가세존이 길을 가다 그를 만납니다.

그는 세존에게 멈추라고 말하지만 세존은 멈추지 않고 걸어갑니다.

세존을 따라잡은 그는 세존에게 어째서 멈추지 않는가를 흉포한 음성으로 물어봅니다.

세존은 그에게 대답을 해주십니다.

"나는 이미 멈추었는데 멈추지 못한 것은 오직 자네뿐이네."

사마타와 위빠사나는 동전의 앞뒤처럼 하나가 되어서 사띠를 하게 한다. 사마타는 멈춤이고 위빠사나는 관찰이다. 멈추고 관찰하는 것이 마음으로 대상을 챙기는 것이 된다.

천변만화하고 증오로 가득한 예토의 흐름 속에서 오직 마음을 그치고 예토를 사무량심으로 가까이하고 접촉하면서 그 깊은 수준을 음미하는 것이 지관의 법문이고 정혜의 쌍수이다. 그러므로 본체라고 할 것이 없다. 닦을 본체는 없고 그칠 본체만 있다. 그쳐서 고요해지고 그런 후에 예토를 생멸의 파도를 접촉하고 그 독약의 마지막 한 방울까지 음미하면서 마실 때 작용선이 일어나게 된다. 작용선은 수행법이 아니라 그대로 부처이기에 돈법(頓法)인 것이다.

마음을 버리고 지금 일어나는 일에 관심을 가지는 것이 작용선이다. 이때 불가사의한 부처님의 가피가 일어나고 이를 영지라고 해서 공적영지가 일어나게 된다.

파사 – 현정
무위 – 자연
공적 – 영지

파사 = 무위 = 공적
현정 = 자연 = 영지

모두 같은 것이다. 이렇게 작용선의 승려가 된다는 것은 세상과 어울리며 세상을 위해서 부처님을 드러내는 것을 말한다.

부록

간화선으로 하는 몰입 훈련

간화선의 핵심 구조는 신심, 의심, 분심이다. 화두를 들고 그 답이 떠오르지 않아 답답한 마음이 일어나는 것이 의정(의심)이다. 이것이 확연해지면 분심이 일어나게 된다. 자신의 옆사람은 깨달음을 인가받는데 나만 모르고 있다는 형태로 분한 마음이 일어난다. 신심이 있기에 답답함이 있게 되는 것이다. 이러한 믿음이 없다면 답답함이라는 의심이 일어나지 않는다. 그러므로 선지식에 대한 신뢰, 즉 신심이 화두에 몰입할 수 있는 힘을 만들어주는 것이기도 하다.

    그렇기에 간화선의 기본 구조는 다음의 8단계로 이루어져 있다.

1. 금강경을 읽는다.
2. 선지식을 찾고 믿는다.
3. 한 가지 화두만을 든다.
4. 의정을 일으킨다.
5. 의정이 의단이 된다.

6. 의단이 은산철벽이 된다.
7. 백척간두에서 투신자살을 한다.
8. 인가를 받는다.

처음 금강경에 대한 가르침으로 방향을 잃지 않게 된다. 간화선이 일반적인 몰입 훈련과 유사한 부분이 있는데 그와 가장 큰 차이점은 금강경의 가르침에서 나오게 된다. 다음으로 선지식을 찾고 믿는다는 부분인데 이 과정이 신심에 대한 내용이다. 부처님의 가르침에 대한 믿음과 선지식에 대한 믿음이 있어야 한다. 이러한 신심을 기반으로 선지식이 공안을 던지게 되면 그를 대표하는 한 마디인 화두를 잡고 의정을 일으킬 수 있게 된다. 의정이란 의심이다. 이는 불교와 선지식에 대한 믿음이 있기에 나에게 던져진 이 말이 무슨 연고로 던져진 것인지에 대한 의문이 생기고 의심이 일어나게 된다.

이렇게 화두를 들고 화두 자체를 대상으로 삼아 마음을 챙기는 것이 아니라 화두를 가지고 의심을 일으키고 그를 유지하는 것이다. 이는 마치 누군가를 보았을 때 그 사람의 이름이 생각 날 듯 말 듯 할 때의 기분이라고 보면 된다. 이것을 의심스러운 감정이라는 의미로써 의정이라 한다. 이 답답한 기분이라는 의미는 분명 답이 어딘가 있는데 그것이 찾아지지 않을 때의 기분을 나타낸다. 그러므로 아예 답 자체가 없는 고차원적인 문제가 아니라 뭔가 분명 내가 알고 있는데 떠오르지 않아 답답한 그런 기분이 드는 것이 화두를 제대로 든 것이 된다.

이러한 의정은 의단이 된다. 즉 답답한 기분이 점점 커져서 행주좌와 어묵동정 몽중일여 오매일여 지속되는 것을 말한다. 이는 황농문 교수님의 '몰입'에 대한 내용과 유사하다. 그리고 이렇게 의단이 되어서 의심스러운 마음이 끊이지 않으며 계속 일어나게 되면 잠들기 전까지 질문이 지속되고 깨어나서도 이어지는 것이 된다. 이는 마치 의단으로 답이 나오지 않아 사방이 벽으로 막힌 상태를 나타낸다. 그리고 이 정도 되면 황농문 교수님의 글처럼 그 상태가 즐겁고 행복한 상태로 체험된다. 이렇게 은산철벽이 우주를 만들어 내는 환망공상에 들 때 선지식은 방과 할로 깨어나게 한다. 간화선에서는 도거라고 하여 환망공상의 산만함이 만들어지는 현상이 일어나며 이때 즐겁고 천재적인 발상이 나타나므로 그곳에서 벗어나기 힘들 정도로 몰입이 일어나게 된다.

이렇게 혼침과 도거(환망공상의 산만함)를 그치게 되면 혼침이 성성(깨어난 각성의식)이 되고 도거는 적적(평화로운 적막함)이 된다. 이렇게 성성적적이 이루어지게 될 때 깨달음이 오게 된다. 은산철벽에서 투신을 하고 나를 버리고 뛰어내려야 성성적적의 실상을 만나게 되는 것이며, 이를 공적영지라고 하여 비어서 적막하지만 신령스럽게 알고 있는 상태가 됨을 말한다.

이제 선지식과 선문답으로 깨달음 인가 과정을 거치게 된다. 전통에 따라서 다른 종문에 계신 선사님 세 분께 인가를 받아야 한다는 말도 전해지지만 꼭 그러한 것은 아니다. 인가를 받은 후에는 고요하게 그 체험을 내적으로 다루는 보림에 들어가게 된다.

이상의 내용이 간화선의 전체구조이다. 그리고 여기서 의단이 은산철벽이 되는 과정에서 황농문 교수가 전한 '몰입'의 현상이 일어나게 된다. 이는 매우 훌륭한 몰입 훈련법이 되며, 실제 뇌 구조를 변화시키는 매우 좋은 방편이 된다. 이에 맞춰 간화선으로 하는 몰입훈련의 실천적 방법을 정리하면 다음과 같이 9개 과정으로 정리된다.

1. 문제 설정

이 부분은 화두를 정하는 것이다. 이때 어떤 화두를 정해도 상관이 없다. 또한 한국 간화선에서는 한 가지 화두만을 권하지만 여기서는 상관이 없으니 한 가지를 정해서 하다가 도중에 바꾸어도 무방하다.

2. 몰입할 수 있는 환경 확보

최소 72시간이 되어야 뇌의 회로가 바뀌기 시작한다. 작심삼일이라는 말이 괜히 나오는 것이 아니다. 모든 종류의 다단계나 컬트 세뇌가 합숙 일주일을 강조하는 것도 최소한 72시간을 확보해야 뇌 구조가 실제로 바뀌기 때문이다. 그러므로 최소 72시간 권장 일주일 동안 무언가 한다고 주위에 말하고 방해를 받지 않도록 해야 한다.

3. 불필요한 외부 정보의 차단

이제 핸드폰을 끄고 인터넷이 없도록 해야 한다. 컴퓨터도 없어야 한다. 그 외에 책도 없어야 하며 어떠한 정보도 얻을 수 없어야 한다. 이렇게 해야 뇌가 타성에서 벗어나 새로운 뇌 구조를 갖게 된다.

4. 혼자만의 공간 선정

몰입이나 간화선을 주로 폐관 수련으로 하는 것은 다른 것에 대해서 대기 모드가 되지 않아야 하기 때문에 그렇다. 누군가가 나를 부를 것이라든지 아니면 혹시 무슨 일이 있을 때 비상 연락을 받아야 한다든지 하는 뇌의 대기 모드에서 벗어나야 한다. 그러므로 혼자만의 공간이란 뇌가 일어날 일에 대한 대기 모드로 들어가지 않게 할 수 있는 모든 상황에 대한 대비를 포기하도록 하는 공간을 확보하는 것을 말하는 것이다.

5. 규칙적이고 땀 흘리는 운동

이는 몰입에 들어간 이후에 거기에서 벗어나지 못하고 정신병이 되는 것을 막아준다. 이것만 제대로 이행해도 위험도가 상당히 떨어지게 된다. 보통 사찰에서는 108배를 한다. 그러므로 하루에 최소 2번의 108배를 권한다.

6. 단백질 위주의 식사

식사는 정말로 중요하다. 앞의 운동과 이 항목의 탄수화물과 당류 제한을 한다면 뇌를 정복하면서도 제정신을 유지할 수 있다. 다만 닭은 권장하지 않고 지방은 권장한다. 소, 돼지, 생선, 달걀, 우유, 조개류 등등에 더해서 채소를 먹는데 채소는 40%를 넘지 않도록 하는 것이 좋다. 그리고 탄수화물을 완전히 끊도록 하고 단것도 먹지 않아야 한다.

7. 잡념을 털어내고 자세를 만든다.

당연히 좌선을 하므로 좌선 자세를 취해야 한다. 또한 경행 등을 행한다고 해도 자세를 바로 세우는 것은 당연하다. 그리고는 화두로 의식을 향한다. 의식이 화두에서 벗어나서 다른 생각을 하게 되면 다시 되돌리도록 한다. 이제 서서히 의정이 일어나야 한다. 분명히 무언가 알 수 있는데 그 답이 떠오르지 않는 답답하고 갑갑한 기분이 드는 것이다. 이것이 나타나기 시작하면 이 단계를 성공한 것이다.

8. 아이디어가 움직이기 시작한다.

황농문 교수님의 몰입은 답을 찾는 것이지만 간화선은 답답하고 갑갑한 느낌을 가지는 것이다. 이 느낌이 멀어지면 다시 화두를 떠올려 본다. 이것을 반복하면서 계속해서 의정이 끊어지지 않도록 유지한다. 이렇게 해서 이 의정이 꿈에서도 나타나면 50%정도 도달한 것이 된다. 이를 몽중일여라고 하며 이 몽중일여가 되면 이 단계를 마친 것이다.

9. 생각하는 재미가 솟구친다.

몽중일여가 되고 나서부터는 의정에 머무르는 것이 쉬워지며 그것이 단단하게 뭉친 의단이 된다. 이 정도에 이르면 70~80%정도 되는 것이다.

이상의 9개 과정을 거치면 이와 같이 의정이 의단이 되고 어느 순간에 그것이 툭 하고 풀리면서 마음이 열리고 끝없는 광활한 사유의 공간이 드러나게 된다. 이것을 은산철벽에서 일척간두 갱진일보를 한 것이라고 말하는 것이 된다. 저절로 공감각이 일어나고 추상사고를 마음대로 다루게 된다. 이렇게 되면 이제 90%가 된 것이다. 그리고 이러한 상태에 들어가는 것이 행복해진다.

잠이 들고 잠에서 깨어나서 몇 초가 지나서 의정 의단에 들어가면 90%인데, 잠에서 깨어나자마자 의정 의단에 들어가면 100%인 것이다. 이를 오매일여라고 한다. 이것은 깊은 숙면 상태에서도 충분히 통일된 의식의 흐름을 유지했다는 것을 말하는 것이다. 여기에 이르러서는 보림을 마친 것이 된다. 이것이 되는가의 여부로 판단하면 되니 선지식의 인가를 필요로 하지 않는다. 이상의 과정을 거치면 뇌는 새롭게 업데이트가 된 상태가 된다. 최소한 다른 사람들보다 어떠한 한 가지에 있어서는 뛰어난 뇌를 가질 수 있게 된다.